Holger Mathias Peifer

Echt wild
RHEIN-MAIN

Die Natur entdecken abseits des Trubels

BRUCKMANN

Überraschung im November:
Ein Sonnenblumenfeld bei Höchst

INHALT

Zu Fuß

Mit dem Rad

Entspannt im Grünen

Friesland-Feeling à la Rhein

Am Wasser

Willkommen in der Mitte Europas

Wussten Sie, dass die Rhein-Main-Region verkehrsgeografisch genau in der Mitte Europas liegt? Umgeben von Hügeln, Flüssen und Wäldern?

Kurze Wege – Riesige Wirkung

Weltweit wechselt man selten schneller aus den Stadtzentren in die freie Natur. Obwohl die Anwohner augenscheinlich gerne ihre Freizeit im Freien verbringen – das beweisen die unzähligen Schrebergärten – gehen viele nicht auf weitere Entdeckungstouren. Das ist sehr schade: denn gleich dahinter beginnt das ungezähmte Grün. Die kurzen Wege sparen Zeit. Eigentlich kann man jede freie Minute – in der Mittagspause, nach Feierabend oder am Wochenende – nutzen, um ohne großen Aufwand, neue, spannende Ziele an der frischen Luft zu entdecken. Der Aufenthalt dort wirkt wie ein Kurzurlaub: Seine Wirkung auf Geist und Gemüt ist verblüffend.

Frankfurts Hausberg

Seit der neuesten Messung im Jahr 2017 misst der Große Feldberg 881 Meter. Vorher waren es nur 879,5 Meter.

50 %

Waldanteil für reine Luft

Die Mittelgebirge Taunus, Odenwald und Spessart bilden die grüne Lunge der Region. Dichte Wälder ziehen sich von den Tälern bis auf die Hügel und ihre Gipfel. Kilometerlange Rad- und Wanderwege bieten eine unendliche Fülle an Möglichkeiten, auf Entdeckungstouren zu gehen.

Kanu fahren

Nidda, Lahn, fränkische Saale, Nahe und Rhein. Wie herrlich ist es, die Region vom Wasser aus zu entdecken.

4600
Kilogramm Sand

verbraucht jeder Deutsche pro Jahr. Ein Großteil davon stammt aus den Baggerseen des Rhein-Main-Gebietes.

Natur erleben

Die Naturschutzgebiete am Rhein finden ihren Höhepunkt im Europa-Reservat Kühkopf-Knoblochsaue. Mittendrin das Naturerlebniszentrum Guntershausen.

Hauptstadt der Kastanien

Das ganze Jahr über kann man bei Mammolshain die Bäume mit ihren ausladenden Ästen bewundern. Im Sommer spenden sie bei den Wanderungen kühlen Schatten. Im Herbst lassen sie dann Delikatessen vom Himmel regnen.

Wilder Flugverkehr

Vogelfreunde finden eine reiche Artenvielfalt. Reiher und Kormorane lassen sich wieder in großer Anzahl sehen, sind selbst an den städtischen Wasserläufen und Flussauen gerne zu Gast. Enten, Gänse und Schwäne sowieso: Auf dem Wasser schwimmend erscheinen sie anmutig und friedlich, auf den Wegen und am Ufer herum watschelnd oder stolzierend unbeholfen und lustig. Doch in der Luft sind sie atemberaubende Flieger – die Räuber unter ihnen gnadenlose Jäger.

Wein
aus Rhein-Main

Rheinhessen, Nahe, Rheingau und Hessische Bergstraße: Etwa ein Drittel der gesamten Rebfläche Deutschlands liegt innerhalb der Metropolregion. Die unendlich erscheinenden Weinberge und Rebflächen sind lohnende Wander- und Fahrradziele. Winzer und Weindörfer laden zur Rast mit deftigem Winzerteller und schmackhaftem Rebensaft.

Bruckmann-Tourenfinder

Für jeden Tag die richtige Tour

			Std.	km	Hm									
1	Rundwanderung durch das Süße Gründchen	🔴	2:00	4,9	130/130	✓	✓		✓	✓			✓	
2	Von der Saalburg zu Säunickels Kleiderschrank	🔴	3:30	12	270/270	✓	✓		✓		✓		✓	
3	Von Bad Vilbel zum Lohrberg	🔵	2:15	5,8	90/40	✓	✓	✓	✓	✓			✓	
4	Rundwanderung im Lahntal	🔴	1:15	5	44/44	✓	✓	✓	✓	✓			✓	
5	Vom Huttenschloss zur Scherenburg	🔴	3:40	10,5	220/220	✓	✓	✓		✓	✓		✓	
6	Von Kreuzwertheim ins Himmelreich	🔴	2:30	11,3	90/90	✓	✓	✓	✓		✓		✓	
7	Von Reichelsheim zur Ruine Rodenstein	🔴	3:30	9,6	250/250	✓	✓	✓	✓	✓				
8	Rundwanderung bei Nierstein	🔴	3:00	10,5	120/120	✓	✓	✓	✓	✓				
9	Zur Ruine Wildenstein und dem Tannenfels	⚫	3:40	12	513/513	✓	✓	✓	✓		✓			
10	Von Falkenstein zur Ruine Hauenstein	🔴	3:30	11,6	150/150	✓	✓	✓	✓		✓			
11	Rundwanderung bei Bretzenheim	🔵	2:00	6	110/110	✓	✓	✓	✓	✓				
12	Rundwanderung bei Mühlheim	🔵	2:00	6	40/40	✓	✓		✓		✓		✓	
13	Rundwanderung im Grüngürtel	🔵	3:00	11,6	70/70	✓	✓	✓	✓		✓		✓	
14	Rundfahrt am Rheinufer gegenüber Biblis	🔴	3:30	30,6	60/60	✓	✓			✓				✓
15	Von Nied nach Bad Vilbel	🔵	3:30	30	90/80	✓	✓	✓	✓	✓			✓	✓
16	Rundfahrt im Büdinger Hügelland	⚫	3:45	32,5	310/310	✓	✓	✓		✓			✓	✓

17	Rundfahrt im Kinzigtal	🔴	1:50	21	130/130	✓	✓		✓	✓			✓	✓
18	Rundfahrt bei Aschaffenburg	🔵	1:40	22	90/90	✓	✓	✓	✓	✓			✓	✓
19	Von Michelstadt zur Hohen Straße	🔴	3:20	27	370/370	✓	✓	✓		✓			✓	✓
20	Rundfahrt im Ried	🔵	3:00	27,3	70/70	✓	✓		✓	✓				✓
21	Rundfahrt am Siefersheimer Horn	🔴	2:20	20	230/230		✓	✓		✓				✓
22	Margarethenschlucht	⚫	1:30	2,7	110/110						✓		✓	
23	Felsenmeer Lautertal	🔴	1:30	3	290/290	✓	✓	✓						
24	Über den Frankenstein-Komplex	🔴	2:00	4	140/140	✓	✓	✓			✓			
25	Der Ibersheimer Wörth	🔵	2:00	6,9	10/10	✓	✓		✓	✓				
26	Seegrabenaue	🔵	0:45	2,5	0/0		✓		✓	✓				
27	Weilburger Tal	🔴	2:30	8,2	130/130	✓	✓	✓	✓		✓			
28	Kastanienwald bei Mammolshain	🔵	1:00	2,85	100/100	✓	✓	✓	✓		✓			
29	Schwanheimer Düne	🔵	1:00	3	10/10		✓		✓	✓			✓	
30	Riedsee	🔵	–	–	–	✓	✓					✓		
31	Pfarrwiesensee	🔵	–	–	–	✓	✓					✓		
32	Hattsteinweiher	🔵	–		–	✓	✓		✓			✓		
33	Herthasee	🔵	–	–	–	✓	✓					✓		
34	Niedernberger Seen	🔵	–	–	–	✓	✓			✓		✓		
35	Schultheis-Weiher	🔵	–	–	–		✓			✓		✓		
36	Trettstein-Wasserfall	🔴	0:30	0,5	6/6		✓		✓		✓			
37	Kanutour auf dem Altrheinarm	🔵	–	–	–	✓	✓			✓			✓	

Der Sonne hinterher
geht es nach Frankfurt.

INFO

PIKTOGRAMME ERLEICHTERN DEN ÜBERBLICK

Gehzeit
Länge
Höhenunterschied

Einkehr
wintergeeignet
Bademöglichkeit
kindergeeignet
viel Sonne
ÖPNV
Sehenswürdigkeit
Schatten
Fahrrad

ANFORDERUNGEN

● LEICHT

Kurze, moderate Runden ohne extreme Steigungen oder Gefälle.

● MITTEL

Touren mit längeren Auf- und Abstiegen und/oder längere Runden, die etwas mehr Kondition und körperliche Fitness erfordern.

● SCHWER

Diese Runden erfordern Kondition und körperliche Fitness. Hier geht es gut auf und ab, auch über etwas längere Distanz. Sie sind für geübte Wanderer in jedem Fall unproblematisch.

Radpause in der Knoblochsaue

Pulsierende Rhein-Main-Städte in abwechslungsreicher Natur

URBANES LEBEN

Wiesbaden, Mainz, Darmstadt und Frankfurt mit seiner Skyline: Das Städteviereck hat sich zum Zentrum urbanen Lebens gemausert. Banken, Büros, Geschäfte, der Frankfurter Flughafen. Hier lässt sich Geld machen und ausgeben. Unzählige After-Work-Aktivitäten warten mit ihrem Angebot auf zahlungsfreudige Gäste und Kunden. Dazu scheinen die Menschen immer auf Achse zu sein, hetzen von einem Termin zum nächsten. Das verursacht jede Menge Verkehr, der nie still zu stehen scheint. Auf die Menschen von außerhalb wirkt es wie ein einziges Labyrinth. Verwundert fragen sie die Einheimischen: »Wohin gehst du, wenn du mal raus willst und die Ruhe der Natur genießen möchtest? Um Atem zu schöpfen, durchzuatmen?« Und oft hören sie die Antwort: »Gibt‘s hier nicht!«

WILD UND URSPRÜNGLICH

Gibt es aber doch. Ein Blick auf die Landkarte genügt: Die Metropolen liegen eingebettet zwischen den Mittelgebirgen Taunus, Spessart und Odenwald. Im Südwesten komplettiert die Rheinhessische Schweiz, die ihre Fortsetzungen im Hunsrück und dem

Alzeyer Hügelland findet, das Ensemble. Dort erwartet die wilde, ursprüngliche Natur den von Stress geplagten Städter. Und viel mehr noch: Dort entspringen quicklebendige Flüsse und Bäche, die dafür sorgen, dass Natur und Grünland nicht vor den Toren der Städte halt machen. Sie bringen sie bis tief in die Kernregionen der Städte hinein.

ERHOLUNG IM UMLAND

Doch auch umgekehrt: Die pulsierenden Städte wachsen und gedeihen, breiten sich im Umland auf die vielen kleinen Städte und Gemeinden in der Region aus. Ländliche Siedlungen mit teils industrieller Vergangenheit oder Bäder, in denen sich die Stadtbevölkerung traditionell erholt, wurden längst vom städtischen Bauboom erfasst. Ganze Wohnstädte sind gebaut worden und werden noch gebaut. Unaufhörlich werden weitere Wohnblocks, Reihenhäuser mit kleinen Gärten und prächtige Villen hochgezogen. Trotzdem haben sich die Orte im Umland und die traditionellen Erholungsgebiete ihre Geschichte meist bewahrt: In ihren Zentren lassen sich historische Rathäuser und viel Fachwerk entdecken und direkt an den Stadtgrenzen weitläufige Felder, Wiesen, Wälder und Seen. Dort findet man zu jeder Tageszeit Erholung, nicht nur beim sonntäglichen Ausflug, wenn alle draußen sind. Wer zwischendurch oder nach Feierabend ein wenig Zeit erübrigen kann, braucht nur Schuhe und Jacke anzuziehen. Vor der Haustür war-

Ein bunter Fleck am Wegesrand zaubert ein Lächeln auf unsere Gesichter.

ten direkt neben den eingefahrenen Wegen der täglichen Routine unentdeckte Orte und heimelige Plätze, Kraftorte und viel freies Feld, um die Blicke schweifen zu lassen. Für jeden ist hier etwas dabei.

EINFACH RAUS AUS DER KOMFORTZONE

Ja, richtig gehört: Man braucht weder eine aufwendige Zeitplanung, noch große Vorbereitungen. Keine Reservierung, kein Picknick, kein Kaffee-to-go. Nicht mal gutes Wetter. Das musste ich als Autor auch noch einmal lernen: Denn eigentlich ist dies nicht das Buch, das ich ursprünglich fotografieren und schreiben wollte. Als ich im Vorfeld mit dem Verlag über den Inhalt von *Echt Wild Rhein-Main* verhandelte, sah ich vor meinem geistigen Auge leuchtende Blumen, blaue Badeseen, schattige Wälder und leuchtend grünes Moos auf Ehrfurcht gebietenden Felsen. Das alles unter einem azurblauen Himmel mit weißen Schäfchenwolken. Eine Landschaft, die von der Sonne ins beste Licht gerückt wird, sich wie im Hochglanzprospekt vor mir ausbreitet und vor meiner Kamera posiert. Das Gegenteil trat ein: Das Wetter verschlechterte sich schlagartig, der Himmel wurde trüb. Und das ab Mitte August: dichte, graue Wolken am Himmel, Sprüh- und Nieselregen auf der Kameralinse und meiner Nase. Gerne hätte ich auf warmes Wetter und wieder blauen Himmel gewartet, doch es half nichts: Ich hatte dem Verlag versprochen, bis zum Frühjahr fertig zu sein. Ich musste hinaus, sonst würde der Winter kommen und der würde die Situation sicher nicht verbessern. Also zog ich meine Regenjacke an, machte mich auf in die Region, in die Wälder, Berge und Täler und nahm meine Freunde mit, wann immer ich

Wie die wilden Schwäne aus dem Märchen

sie zu einem Ausflug überreden konnte. Die waren allerdings nicht gerade begeistert und wollten lieber zu Hause bleiben: »Zu grau! Zu trüb! Zu kalt! Es könnte regnen! Ich will nicht krank werden!«. Die üblichen Ausreden. Doch als sie erst einmal runter von der Couch und draußen waren, hat sich keiner mehr beschwert. Wir stellten fest, dass moderne Funktionskleidung viel mehr kann, als uns gut zu kleiden. Sie hielt uns im mitteleuropäischen Herbstwetter warm und trocken und sorgte dafür, dass wir uns ganz auf die Natur konzentrieren konnten. Die bedankte sich mit ihrer ganzen wilden Schönheit, tauchte die Landschaft in mystischen Nebel, jagte Wolkenfetzen über unsere Köpfe, malte die Bäume in rot, gelb und braun an und ließ, wenn keiner damit rechnete, die Sonne scheinen. Warm und wohlig. Spannender als jedes Videospiel und das Angebot sämtlicher Streaming-Anbieter zusammen. Denn die Natur macht, was sie will. Immer noch. Manchmal denken wir, dass wir die Naturgewalten unter Kontrolle hätten, doch dem ist nicht so. Der Mensch hat sich der Natur stets angepasst. Und das ist gut so: Wer sich daran erinnert und darauf einlässt, erlebt sie bei jedem Wetter von der besten Seite.

Pulsierendes Heilwasser am Wegesrand

EINE FRAGE DES TIMINGS?

Auf unseren Touren waren wir erstaunlich oft alleine unterwegs. Andere Wanderer und Radfahrer zum Austausch über die besten Ziele, Touren und Einkehrmöglichkeiten haben wir so gut wie nie getroffen. Vielleicht eine Belohnung der Natur, weil wir uns an den wetterunsicheren Spätsommer- und Herbsttagen hinaus getraut haben? Wer weiß? Sicher mag es warme Sonn- und Feiertage geben, an denen jeder unterwegs ist – besonders in den stadtnahen Gebieten. Dann mag man sich im Wald vorkommen wie auf dem Rummelplatz. Doch das ist nicht die Regel. Wir haben es ausprobiert und sogar die Publikumsmagnete besucht, um zu sehen, wie viel da wirklich los ist. Auf dem Parkplatz des bekannten Felsenmeeres in Lautertal parkten gerade mal drei Autos – trotz Herbstferien – und auf dem Goetheturm im Süden Frankfurts standen wir mutterseelenallein und konnten das konträre Panorama aus Baumkronen und Glastürmen ungestört genießen.

Also warten Sie nicht! Nicht auf das Wochenende! Nicht auf schönes Wetter! Nicht darauf, dass nichts im Fernsehen kommt! Nehmen Sie einfach Ihre Jacke und raus in die Natur!

Kastell Saalburg
auf dem Taunuskamm

ZU FUSS

»Was ich nicht erlernt habe, das habe ich erwandert.«

(Johann Wolfgang von Goethe)

Diesem Pfad konnten wir einfach nicht widerstehen.

1

Durch die Wiesen Neuenhains

Am Süßen Gründchen

Dem Lauf des kleinen Waldbaches folgend geht es über einen satt-grünen Grasteppich zur Waldbachklamm. Knorrige Eichen und Kastanienwälder begleiten uns über die Hügel zum freien Feld mit Cityblick. Am Ende der Wanderung bietet die Stahlquelle ungewohnte Erfrischung.

ZUFALLSFUND AM SAUERBORN Eigentlich wollen wir nur kurz parken, etwas trinken und auf die Karte schauen. So folgen wir in Neuenhain in der Kronthaler Straße links den Schildern zum Sportplatz. Dort fällt uns eine saftige Wiese samt einer breiten Infotafel ins Auge. Neugierig steigen wir aus dem Auto und erforschen das Schild mit der Überschrift: »Herzlich Willkommen im Natura 2000 Gebiet am Süßen Gründchen bei Neuenhain«. Ein Schutzgebiet von europäischer Bedeutung! Spontan holen wir den Rucksack mit der Fotoausrüstung aus dem Kofferraum. Los gehts.

AM SÜSSEN GRÜNDCHEN Wie oft begeistern Landschaften mit ihrer natürlichen Einfachheit? Man mag es kaum ein Tal nennen, dennoch geht es links und rechts ein paar Meter nach oben. Apfelbäume, im Herbst voll behangen mit roten, reifen Früchten und verschiedenste Sträucher gedeihen dort. Dazwischen die saftig grünen Wiesen der lang gestreckten Senke. Das Gras ist so grün, dass man den Ortsnamen direkt als treffend erachtet. In der Mitte versteckt, von Halmen und Wildblumen überwuchert, gluckert ein kleines Rinnsal: Der Waldbach. Daneben führt ein kleiner Pfad, kaum mehr als eine Furt, mal links, mal rechts vom Bächlein talaufwärts. Hier leben der Dunkle und der Helle Wiesenknopf-Ameisenbläuling. Diese selten gewordene Schmetterlingsart trägt wesentlich zu dem Ökosystem ihres Umfeldes bei, weshalb sie als Schlüsselart auf europäischer Ebene streng geschützt ist. Die Falter der jährlich wechselnden Generationen sind nur von Mitte Juni bis Mitte August zu bewundern. Zu ihrem Schutz werden die Wiesen am Süßen Gründchen nicht gedüngt, nicht gespritzt und nur zweimal im Jahr gemäht – im Frühjahr vor der Flugzeit und einmal danach im Herbst.

WILLI Wir folgen dem Weg entlang des Bachlaufs. Da kommt uns Willi entgegen. Obwohl sich nur die zweite Kamera und keine Wurst oder sonstiger Proviant im Rucksack befindet, ist der helle Mischlingshund direkt begeistert, wuselt um uns herum und beschließt, lieber mit uns zu kommen. Die Sympathie ist nicht einseitig, die vierbeinige Begleitung willkommen. Willis Besitzer sind von seinen Absichten allerdings gar nicht begeistert, rufen, schimpfen, locken den Hund

↓ Willi will gerne mit uns kommen.
↘ Pferdekoppel am Cityblick

und entschuldigen sich bei uns über sein Benehmen. Kaum gelingt es ihnen, Willi von uns zu trennen. Er kommt immer wieder zurück und will entgegengesetzt seines Frauchens mit uns in die andere Richtung kommen. Es ist nur schwer dem Hundeblick zu widerstehen, aber irgendwie kann ihn sein Frauchen schließlich doch davon überzeugen, dass er nicht mit uns kommen kann. Hätte Willi gewusst, dass wir die Regeln – kein Stöckchen werfen und Leinenzwang – im Natur- und Wasserschutzgebiet befolgt hätten, wäre ihm der Abschied vielleicht leichter gefallen.

HARDTBERG 300 Meter weiter endet das Süße Gründchen an einem quer zum Tal verlaufenden Wanderweg. Folgt man ihm rechts, geht es auf direktem Wege zurück zum Parkplatz. Doch wir sind neugierig auf den wunderbaren Wald am Oberlauf des Waldbaches. Erst links, später rechts vom Wasser, wandern wir den Hardtberg hinauf. Der Bach hat eine in Anbetracht des wenigen Wassers, das er führt, erstaunlich tiefe Klamm in den Berg gegraben. Der Laubwald an den Hängen strahlt eine sanfte Ruhe aus und spendet Schatten, während das Bächlein unten irgendwo im Dickicht ungesehen verschwindet. Die Wildnis hier ist zahm, dafür aber einfach schön. Nach etwa einem Kilometer endet die Klamm. Die Pfade links und rechts des Waldbaches treffen auf einen

Tipp

HOCH HINAUS

Im Quellgebiet des Waldbaches führt die Wanderung ganz nah am Gipfel des Hardtbergs vorbei. Dort befand sich ein nach dem Berg benannter Aussichtsturm: der Hardtbergturm. Über Jahrzehnte bot er beste Rundumsicht über die Baumwipfel und die umliegenden Orte mitsamt der Frankfurter Skyline. Doch die Bäume am Fuß des Turms wuchsen immer weiter in die Höhe, bis sie schließlich die Aussicht von der Plattform versperrten. Da es keine Möglichkeit gab, den alten Turm zu erhöhen, wurde er abgerissen. Bauarbeiten für einen Ersatz sind allerdings im Gange. Laut den Planungen soll er bei Erscheinen dieses Buches fertiggestellt sein und den Umweg dorthin lohnen.

Herrlicher Wald am Hardtberg

breiten Waldweg, der hier oben von Königstein nach Mammolshain führt. Obwohl die Zivilisation nur dreihundert Meter Luftlinie weiter beginnt, genießen wir die Tiefenentspannung eines großen Waldgebietes.

CITYBLICK In spitzem Winkel geht es nun rechts einen guten Kilometer entlang der Bergflanke durch den Wald. Rechts steht eine Bank mit Blickrichtung zum Tal hin. So hoch, wie die Eichen und Buchen davor stehen, können wir uns nicht vorstellen, wann man hier zuletzt die Aussicht genießen konnte. In einer lang gezogenen Linkskurve verlassen wir den Hauptweg. Rechts den Berg hinunter tauchen bald die ersten bewirtschafteten Grundstücke und Obstwiesen zwischen den Bäumen auf. Der Wald endet und gibt den Blick auf die Skyline Frankfurts frei. Hier, zwischen Pferdekoppeln und Obstwiesen, könnte das Panorama nicht gegensätzlicher sein.

STAHLQUELLE Der geteerte Hardtgrundweg führt von hier ab rechts zurück zum Parkplatz am Sauerborn. Wegen der Aussicht auf die andere Talseite lohnen sich erst noch ein paar Schritte in entgegengesetzter Richtung: Majestätisch thront Burg Kronberg mit ihrem wuchtigen Bergfried über dem gleichnamigen Städtchen. Kurz vor dem Parkplatz am Zielpunkt versteckt, ist die Stahlquelle auf der linken Seite noch einen Blick wert. Umgeben von einem kleinen Park bietet sie eine stark mineralische Erfrischung: Das als Trinkwasser freigegebene Quellwasser ist stark eisenhaltig, moussiert auf der Zunge und füllt den Mineralstoffhaushalt wieder auf. Den Geschmack bezeichnen wir mal wohlwollend als gewöhnungsbedürftig.

INFO

TOURENCHARAKTER

Mittelschwere Rundwanderung über Wiesen und Waldwege. Wiesenstück mit evtl. hohem Gras, gegen Ende Rutschgefahr bei Nässe auf glatten Steinen.

AUSGANGS-/ENDPUNKT

Sportzentrum, Am Sauerbrunnenweg 1, 65812 Bad Soden am Taunus (GPS: 50.15836903507311, 8.501309718401256)

ANFAHRT

Mit dem Auto: L3005, L3014 über Eschborn und Schwalbach; mit dem ÖPNV: S3 bis Schwalbach, 30 Minuten zu Fuß bis zum Startpunkt

TOURISTENINFORMATION

www.bad-soden.de/entdecken-erleben/

EINKEHR

In Bad Soden am Taunus, Zur guten Quelle, www.zur-guten-quelle.de

Mittel | 2 Std. | 4,9 km | 130 Hm

Von der Saalburg zu Säunickels Kleiderschrank

Auf historischen Taunuspfaden

Durch die herrlichen Wälder des Fröhlichemannskopf wandern wir zur sagenumwobenen Felsformation Säunickels Kleiderschrank. Die Etappenziele zeugen von der regen römischen Kultur in der Antike. Denn hier verlief der Limes, das letzte römische Bollwerk gegen die wilden Germanen.

Gar kein so tolles Versteck: Säunickels Kleiderschrank

2

↑ Findling am Wegesrand
↗ Weiches Gras unter dem grünen Blätterdach

AN DER SAALBURG Die Saalburg ist das am besten erforschte Kastell am römischen Grenzwall, genauer gesagt am Obergermanisch-Raetischen Limes. Diese Befestigung verlief vom Rhein bei Neuwied kommend über den Taunus bis hinunter zur Donau. Zur Bewachung des Grenzwalls stationierten die Römer Soldaten in direkter Nachbarschaft. Dazu erbauten sie in regelmäßigen Abständen Kastelle. Als vollständig wiederhergestellte Anlage und dem UNESCO-Weltkulturerbe Limes zugehörig, zieht die Saalburg entsprechend viele Besucher an. Doch für unsere Wanderung nutzen wir nur die Infrastruktur der gut ausgebauten Anfahrtswege und den Parkplatz. Wir verlassen den Trubel in Richtung wilde Wälder.

FRÖHLICHEMANNSKOPF Die Fußgängerbrücke führt über den Verkehr der Bundesstraße 456. Dahinter geht es halblinks. Rasch bringen wir ein gutes Stück Wald zwischen uns und die Verkehrsader. Nach einem halben Kilometer in nordöstlicher Richtung tauchen rechts die Bodenreste dreier römischer Wachtürme auf. Viel mehr als ein ein paar Zentimeter hohes Viereck aus Steinen ist davon nicht mehr zu sehen. Ungewöhnlich ist vielleicht, dass hier gleich drei Türme – nicht nebeneinander, sondern nacheinander – erbaut wurden: Nachdem der erste Holzturm einem Brand zum Opfer gefallen war, bewährte sich auch ein zweiter Holzturm nicht: Wahrscheinlich gelang es den Germanen, ein Feuer zu legen. Obwohl die Position der Türme ungewöhnlich weit weg vom Limes lag, hielten die Römer an dieser strategisch wichtigen Stelle fest und erbauten einen soliden Steinturm. Von der Stelle hier am Fröhlichemannskopf hatten sie die Grenzmauer bis ins Tal im Blick. Bei einem Angriff konnten sie Dank der Sichtverbindung zur Saalburg direkt die dortigen Truppen zur Verstärkung rufen. Der Name des Berges soll dagegen erst viel später entstanden sein: Der Legende nach sang hier ein betrunkener Schuster auf seinem Heimweg nach Bad Homburg fröhliche Lieder.

OPTION RINGWALL GICKELSBURG Wanderer mit guter Kondition können sich 200 Meter hinter den Wachtürmen nach rechts den Berg hoch wenden. Der Ringwall um den Gipfel der 470 Meter hohen Erhe-

↑ Das Fundament des römischen Wachturmes ↗ Der alte Grenzstein zeugt von der geschichtlichen Bedeutung der Region.

bung Gickelsburg liegt nur einen Kilometer Luftlinie entfernt. Der Umweg ist ebenfalls kaum länger. Die Steigung aber macht zu schaffen und lohnt kaum: Von den Resten der keltischen Ringwallanlage ist fast nichts mehr zu sehen. Wer auf den Umweg verzichtet, wendet sich links bergab bis zur Grenzschneise. Sie führt fast kerzengerade in östlicher Richtung.

QUARZIT-BLICK Ein dichter Wald mit alten Buchen, Eichen und ein paar Nadelbäumen säumt den Wanderweg. Werktags dringen jedoch von Zeit zu Zeit die Maschinengeräusche des Quarzitwerks Saalburg am Hang des Graueberg auf der anderen Talseite herüber. Wenn der Wald sich gelegentlich lichtet und den Blick frei gibt, kann man auch die Ausmaße des Tagebaus sehen: Das größte Quarzitwerk Europas hat eine 150 Meter hohe Wand in den Berg gegraben. Gewaltig! Und wegen der hohen Ergiebigkeit der Grube werden wohl noch weitere 10 Hektar erschlossen werden.

SÄUNICKELS KLEIDERSCHRANK Kurz vor dem Etappenziel teilt sich der Weg: Ein unscheinbarer Pfad zweigt links ab und führt zum Fuße der Felsformation. Ein Schild erzählt die traurige Geschichte des außergewöhnlich hübschen Ännchens: Die Schönheit war die Tochter des Schweinehirten Nickel. Als vagabundierende Truppen im 30-jährigen Krieg die Gegend unsicher machten, versteckte sie sich zwischen den Felsen. Ihr Vater versorgte sie täglich mit Essen und frischer Kleidung. Das fiel natürlich auf: Die Landsknechte fanden die junge Frau und verschleppten sie. Ihr Vater verstarb einige Tage später vor lauter Sorge. Noch Jahre später fanden Waldarbeiter in der Gegend Kleidungsteile. Da sie sich nicht erklären konnten, wie die Stoffe in den Wald gekommen waren, schrieben sie diese der

Tipp

KAISERLICHE MOTORBEGEISTERUNG

Durch den Sieg von Mercedes beim Vorjahresrennen des Gordon-Bennett-Motorsport-Cups war Deutschland im Jahre 1904 zum ersten Mal Austragungsort für eine internationale Rennserie. Kaiser Wilhelm II. war begeistert und fand Gefallen am Rennsport. Den 128 Kilometer langen Rundkurs über öffentliche Straßen wählte er persönlich aus. Start und Ziel waren direkt an der Saalburg. Das Spektakel verhalf der damals noch eher unbekannten neuen Sportart zu großer europäischer Beliebtheit.

Begebenheit Nickel und seiner Tochter zu. Fortan trugen die Steine den Namen Säunickels Kleiderschrank.

ZURÜCK ÜBER DEN PELAGIUSPLATZ Nach Bewunderung der Legende folgen wir dem Pfad in östlicher Richtung. Jetzt folgen drei Abzweigungen nach rechts. Querverbindungen zum parallel verlaufenden Rückweg. Je nach Belieben kann die Wanderung so einige Meter verkürzt oder verlängert werden. Wir nehmen die dritte und letzte Abzweigung. Dort kommen wir den Häusern von Friedrichsdorf ganz nahe. Am Friedhof entfernen wir uns dann wieder in den Wald und es folgen vier Kilometer mit einer stetigen, aber nicht steilen Steigung. Zur Rast lädt der Pelagiusplatz auf halber Strecke: Eine hölzerne Aussichtsplattform mit Blick auf die Frankfurter Skyline im Süden. Kurz vor dem Ziel biegen wir rechts in den Radweg neben der Bundesstraße ein. Bevor es über die Brücke zurück zum Startpunkt geht, taucht rechts ein altes Gräberhaus auf. Der Nachbau wurde auf römischen Grundmauern nach historischen Vorgaben errichtet.

INFO

Mittel | **3:30 Std.** | **12 km** | **270 Hm**

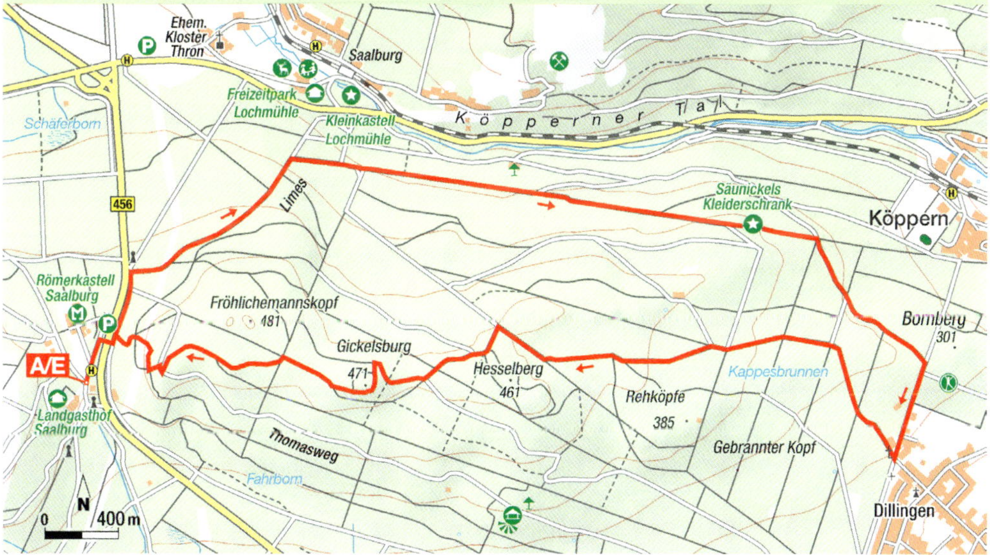

TOURENCHARAKTER

Mittelschwere Rundwanderung auf unbefestigten und befestigten Waldwegen

AUSGANGS-/ENDPUNKT

Parkplatz am Römerkastell Saalburg, 61381 Friedrichsdorf (GPS: 50.27102351731673, 8.568946057156522)

ANFAHRT

Mit dem Auto über A5 bis Oberursel, dann B456; mit dem ÖPNV: S5 bis Bad Homburg, umsteigen in Buslinie 5 zur Saalburg

TOURISTENINFORMATION

www.friedrichsdorf.de/freizeitundkultur/freizeitundkultur.php

EINKEHR

Landgasthof Saalburg neben dem Museum, www.landgasthof-saalburg.de

Wingert am Lohrberg

3

Historische Pfade in Frankfurts Norden

Von Bad Vilbel zum Lohrberg

Die Wanderung für zwischendurch startet bei den Kleingärtnern in Bad Vilbel. Entlang des Waldlehrpfades erreichen wir das offene Feld. Mit Fernblick wandern wir zur Berger Warte und der Leopoldsäule und erreichen, wie Martin Luther seinerzeit, den Lohrberg.

FUSSBALL AUF DER TOTENWIESE Das ehemals feine Bad Vilbel hat sich seinen historischen Charakter bewahrt, trotz der enormen Zunahme an Wohnbezirken und Firmenbüros direkt vor Ort. Warum ständig nach Frankfurt-City pendeln? Doch am Wochenende und nach Feierabend geht es raus in die Natur. Besser noch, wenn man sich zwischen der Arbeit ein paar Stunden frei schaufeln kann, um die Natur zu genießen. Hinter dem Ritterweiher zeigt das riesige Gelände des Kleingärtnervereins den immensen Bedarf nach frischer Luft. Wir folgen der Kreuzschneise in östlicher Richtung und treffen direkt hinter dem Zaun der Kleingartenanlage auf die Totenwiese. Keine Angst vor dem makabren Namen: Es handelt sich lediglich um einen Bolzplatz.

BAD VILBELER SPEZIAL-WALDLEHRPFAD Wir erkunden den Bad Vilbeler Waldlehrpfad, auf dem sich insgesamt 46 Schautafeln finden. Anstatt Infotafeln einzukaufen oder externen Firmen die Arbeit zu überlassen, wurden die Themen von einer hiesigen Arbeitsgruppe aufbereitet und dargestellt. So konnten viele lokale Aspekte des Waldes einbezogen werden, die ansonsten untergegangen wären. Bei der Tafel über den Wasserkreislauf geht es dann auch tatsächlich über das Bächlein Landgraben, das bei Bergen entspringt und nach Bad Vilbel fließt. Wir haben es vorher schon gesehen: Es speist den Ritterweiher am Startpunkt der Wanderung. Zudem sind die Informationen grafisch sehr ansprechend illustriert. Wir studieren daher interessiert die Tafeln über die Jagd, Insekten, Waldpflege oder den Fuchs. Am Erzweg biegen wir rechts ab und wandern den Berg hinauf.

FERNBLICK Der Gipfel – wenn man ihn überhaupt so nennen kann – des Gisisbergs ist nicht bewaldet, sondern landwirtschaftliche Fläche. Obwohl wir nur 200 Meter über dem Meer sind, haben wir eine erstaunlich gute Aussicht: Der Große Feldberg grüßt bei bestem Wetter vom Taunus herüber. Nach einer Trinkpause auf den Bänken geht es über den Höhenweg westlich in Richtung Berger Warte. Die Feldwege hier oben sind nicht geteert, aber dennoch gut befestigt. Mais und Weizen auf den Feldern neben uns sind schon geerntet. Dafür leuchtet der eine

Pause im Grünen

Die Leopoldsäule versteckt sich heute in den Hecken.

BERGER WARTE UND LEOPOLDSÄULE

Nach der Straßenüberquerung finden wir gleich links und etwas durch Bäume und Buschwerk verdeckt die Berger Warte. Der Turm entstand im 16. Jahrhundert als Teil der Stadtverteidigung. Hier, vom höchsten Punkt Frankfurts auf dem Berger Rücken (212,4 Meter) aus, kommandierte der französische Feldherr Victor-François de Broglie seine Armee und verhinderte am 13. April 1759 einen Einmarsch preußischer Truppen. 1790, also nur wenige Jahre später, bewachte ein Heer von 6000 Soldaten die Kaiserwahl, die seit dem Jahre 1356 in Frankfurt stattfand. Es lagerte hier neben der Warte. Zum Dank besuchte Kaiser Leopold II. die Truppen zwei Tage nach der Wahl. Deren Befehlshaber, der hessische Landgraf, ließ zur Erinnerung eine Basaltsäule an Ort und Stelle errichten. Diese musste allerdings umziehen, als 1962 das Umspannwerk geplant

oder andere rote Apfel von den Streuobstwiesen. Wir treffen noch einmal auf den Landgrabenweg. Über einen steilen Abstieg würde er uns direkt zum Startplatz zurückführen. Doch wir bleiben auf der Höhe und erreichen bald den jüdischen Friedhof Bergen-Enkheim. Weil der Friedhof in Bergen belegt war, wurde er 1925 hier an die Vilbeler Landstraße verlegt. Direkt daneben steht eine Speierlings-Gruppe: Die seltenen Obstbäume wurden vom örtlichen Obst- und Gartenbauverein gepflanzt. Seine Früchte, die optisch an kleine Birnen erinnern, werden dem Apfelwein beigemengt. Sie sorgen für die Haltbarkeit und den Geschmack. Aufpassen: Jetzt müssen wir die stark befahrene Vilbeler Landstraße überqueren.

Tipp

DER SCHÖNSTE SONNENUNTERGANG FRANKFURTS

Der Lohrberg bietet sich sowohl für einen kurzen Besuch als auch für einen längeren Aufenthalt an. Der um die Jahrhundertwende entstandene Park wurde durch etliche Freizeitangebote ergänzt: Spielplätze, Ausflugslokal, Grillplätze. Die weitläufigen Grasflächen eignen sich hervorragend zum Picknick, Federball oder Frisbee. Dazu gibt es immer noch eine kleine Weinanbaufläche. Den gewonnenen Wein kann man direkt hier oben genießen. Von der Aussichtsterrasse aus hat man eine grandiose Sicht auf die Frankfurter Skyline. Wenn die Sonne rot dahinter versinkt, wird es wahrhaft romantisch.

wurde. Wir finden die Leopoldsäule über einen kleinen Pfad am Rand des Ackers an der Nordseite des Geländes. Von dort geht es in südwestlicher Richtung über die Felder. Verlaufen kann man sich dabei nicht mehr: Unterhalb des Hügels hat man die Frankfurter Skyline fest im Blick.

WIE MARTIN LUTHER NACH FRANKFURT

Die Via Regia, oder Hohe Straße, ist schon seit der Steinzeit Handels- und Pilgerstraße zwischen Santiago de Compostela und Kiew. Wer unterwegs war und reiste, nutzte das alte Wegesystem. Die Hohe Straße wurde gut gesichert und vermied Feucht- und Sumpfgebiete. Dadurch konnte sie zu jeder Zeit genutzt werden. Einer der prominenten Reisenden hier war Martin Luther im April des Jahre 1521 auf dem Weg zum Reichstag nach Worms. Sein Fuhrwerk nahm – von Friedberg kommend – den Weg über den Lohrberg nach Frankfurt. In der Stadt übernachtete er im Gasthaus *Zum Strauß* und ließ sich den Wein vom Lohrberg schmecken, an dessen Hängen bis heute Rebstöcke angebaut werden.

INFO

TOURENCHARAKTER
Leichte Wanderung auf überwiegend unbefestigten Wald- und Feldwegen

AUSGANGS-/ENDPUNKT
Ritterweiher Spielplatz, Ritterstraße 65, 61118 Bad Vilbel (GPS: 50.173115743864585, 8.73855335759982), Lohrpark, 60389 Frankfurt am Main (GPS: 50.15068813356533, 8.727827617353821)

ANFAHRT
Mit dem Auto von Bad Vilbel über Frankfurter- und Ritterstraße; mit dem ÖPNV: S6 bis Bad Vilbel Süd, 700 Meter Fußweg

TOURISTENINFORMATION
www.bad-vilbel.de/de/tourismus

EINKEHR
Auf dem Lohrberg: Lohrberg-Schänke, Tel. 069/90 47 67 85, www.lohrberg-schaenke.de; MainÄppelHaus, Tel. 069/28 60 61 03, www.mainaeppelhauslohrberg.de

SEHENSWÜRDIGKEITEN
Burg Vilbel

Leicht	2:15 Std.	5,8 km	90/40 Hm

Audienz bei König Konrad

Runkel an der Lahn

Die entspannte Rundwanderung führt ebenerdig an der malerischen Lahn entlang zum Bodenstein. Oben auf dem schroffen Felsen wacht König Konrad über Deutschlands Wohlergehen. Über schattige Pfade und entlang von weiten Feldern kehren wir zum Startpunkt zurück.

4

Die Lahn im goldenen Herbstkleid

Auf dem Bodenstein steht die König-Konrad-Statue.

UNSER SONNENSYSTEM Nachdem die Überfahrt der alten Lahnbrücke aus dem Jahre 1448 geschafft und das Auto in Bahnhofsnähe sicher geparkt ist, starten wir direkt auf dem Leinpfad. Ungewöhnlich: Die Stadt Runkel hat hier einen Planetenweg eingerichtet. Nach dem Start an der Sonne in Stadtnähe finden wir in regelmäßigen Abständen weitere Tafeln, die das Sonnensystem und die einzelnen Planeten erklären. Aber auch ohne die astronomischen Schautafeln hat das Lahntal mit seinen schroffen Felsen eine Fülle von Attraktionen zu bieten. In Runkel selbst imponiert die gleichnamige trutzige Burgruine. Sie wurde schon vor dem Jahr 1159 auf den Felsen gebaut und macht den Eindruck, als könne sie noch weitere tausend Jahre dort überdauern. Damit gehört sie zu den ältesten Burgen Deutschlands, die sich in einem solchen Zustand befinden.

NATURNAHE AUEN Die Strecke folgt dem Leinpfad entlang der Lahn. Einen gerade mal 150 Meter breiten Canyon hat sie 50 Meter tief in das Schiefergebirge geschnitten.

Tipp

EDLE STEINE

Villmar gilt als frühestes Abbaugebiet des Lahnmarmors. Der marmorierte, schleifbare Kalkstein war in der Bauwirtschaft lange Zeit sehr beliebt. Er schmückt unter anderem das Foyer des Empire State Building, die Eremitage in Sankt Petersburg und den Palast des Maharadscha von Tagore. Wer sich auf die Spuren des Schmucksteins begeben möchte, besucht in Villmar den Unica-Steinbruch und das Geo-Informationszentrum Lahn-Marmor-Museum.

Auf dem 247 Kilometer langen Weg von der Quelle bei Siegen bis zur Mündung bei Lahnstein beschreibt sie unzählige Kurven und Flussschleifen. Würde sie den direkten Weg nehmen, wären es nur 80 Kilometer. Doch immer wieder versperren harte und undurchdringliche Felsen den Weg und erzwingen eine Richtungsänderung. Das hat auch seine Vorteile: Statt Flussdurchstichen und geraden Kanälen besticht die Lahn mit naturnahen Ufern und Auen. Ein Lebensraum für viele Tier- und Insektenarten. Zwischen den Uferpflanzen verstecken sich Libellen und andere Insekten. Dahinter in den Feuchtwiesen brüten Kiebitz, Braunkehlchen und Graureiher. In den steilen Felswänden finden Eisvögel Platz, um ihre Nester zu bauen.

KÖNIG KONRAD AUF DEM BODENSTEIN Wir gehen weiter zum rund 50 Meter hohen Bodenstein. Der Fels fällt senkrecht zur Lahn hin ab. Oben auf der Spitze befindet sich das – von unserem Standort auf der gegenüberliegenden Flussseite – gut sichtbare, etwas über zwei Meter hohe Denkmal für

König Konrad. Er regierte von 911 bis 918 und gilt als der erste König Deutschlands. Aufgestellt wurde die Statue von den Gemeindevätern Villmars, dessen Dächer wir vor uns sehen. Doch die Villmarer wollten nicht den König ehren, als sie ihm Ende des 19. Jahrhunderts ein Denkmal setzten. Vielmehr schufen sie die Sehenswürdigkeit, um einen Eintrag in die Reiseführer zu erlangen. Letztendlich also eine Marketingaktion, um mehr Touristen aus Frankfurt und Bad Ems in den Marktflecken an der Lahn zu locken.

BITTE DIE SCHRANKEN ÖFFNEN Am Scheitelpunkt der Lahnkehre verlassen wir den Fluss und biegen nach links ab. Nach wenigen Metern erreichen wir die Bahngleise der Deutschen Bahn. Dort stehen wir vor einer geschlossenen Schranke. Doch kein Problem: An der Seite ist eine Rufanlage von anno dazumal. Mit deren Hilfe bitten wir den Schrankenwärter um Durchlass: Prompt hebt sich der Schlagbaum, damit wir die Schienen überqueren können. Wie von Geisterhand schließt sich der Bahnübergang hinter uns.

Naturdenkmal Ibach-Eiche

WEHRLEY VON RUNKEL Bitte nicht gleich links abbiegen. Das wäre zwar logisch, ist aber eine Sackgasse. Erst geht es entgegengesetzt nach rechts, kurze Zeit später dann links. Ein Feldweg führt zum Waldrand. Dort betreten wir das Naturschutzgebiet Wehrley von Runkel. Das Wort Wehrley erinnert zwar an von Menschen geschaffene Verteidigungsanlagen, kommt aber aus dem niederdeutschen und bedeutet einfach »Felsen über dem Wasser«. Im Mittelalter wurde hier Weinbau betrieben. Teilweise sind noch alte Mauern aus dieser Zeit zu erkennen.
Heute ist der schmale Felsstreifen zwischen Villmar und Runkel die Heimat für vielerlei Tierarten, darunter die selten gewordene Schlingnatter und Smaragdeidechse. Eine Bank mit Blickrichtung zum Tal, aus dem wir kommen, lädt zu einer schattigen Rast. Dahinter steht die mächtige Ibacheiche. Das ist keine botanische Bezeichnung: Das Naturdenkmal wurde nach Domvikar Johannes Ibach benannt. Den Hügel hinauf wandern wir zum Waldrand am freien Feld. In der Ferne arbeiten noch die Bauern rund um einen Traktor mit Hänger und ernten die letzten Feldfrüchte. Malerisch.

DER LAHN-HÖHENWEG Von hier aus ist die Route identisch mit dem Fernwanderweg. Der führt gut ausgeschildert von der Lahnquelle bis zur Mündung bei Lahnstein. Das wären 295 km. Ein anderes Mal. Heute begnügen wir uns mit der Etappe zurück nach Runkel. Diese schlängelt sich auf Wegen entlang der Äcker und immer wieder hin und her auf kleinen Pfaden zwischen den Bäumen des Naturschutzgebietes. So werden wir abwechselnd mit weiten Aussichten und heimeligen Wäldchen belohnt. Schließlich geht es links den Berg hinunter zu den Bahngleisen. Dieses Mal ohne Schranke achten wir selbst auf herannahende Züge.

Die Türme von Burg Runkel

INFO

TOURENCHARAKTER

Mittelschwere Rundwanderung über den befestigten Leinpfad und auf überwiegend unbefestigten Wald- und Feldwegen. Kann sehr sonnig sein.

AUSGANGS-/ENDPUNKT

Parkplatz am Bahnhof, Leinpfad, 65594 Runkel (GPS: 50.404448309880436, 8.159906242799389)

ANFAHRT

Mit dem Auto: L3063 nach Runkel; mit dem ÖPNV: Regionalbahn nach Runkel, der Bahnhof liegt in Zentrumsnähe

TOURISTENINFORMATION

www.runkel-lahn.de/bildung-kultur/sehenswuerdigkeiten

EINKEHR

Zum Güterschuppen in Runkel, Tel. 06482/60 74 37, www.zum-gueterschuppen.de

SEHENSWÜRDIGKEITEN

Burg Schadeck ggü. Burg Runkel

Mittel	1:15 Std.	5 km	44 Hm

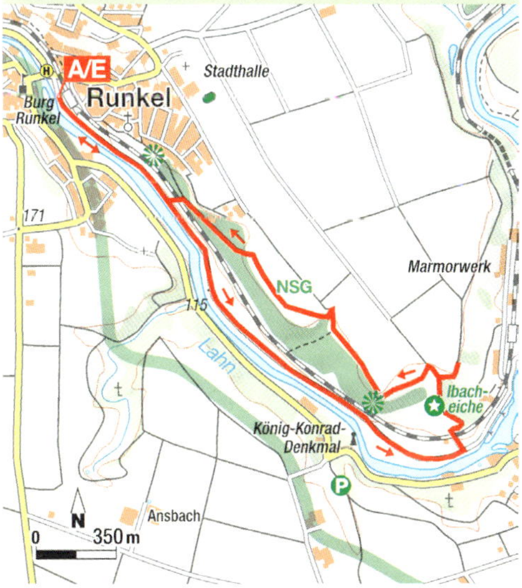

Die fränkische Saale

5

Vom Huttenschloss zur Scherenburg

Die Drei-Flüsse-Runde

Start- und Endpunkt der Wanderung ist die Drei-Flüsse-Stadt Gemünden am Main. Entlang der verträumten fränkischen Saale geht es flankiert von den sanften Hügeln des Spessarts zum Kloster Schönau. Auf dem Rückweg lockt die Aussicht von der Ruine Scherenburg.

START AM HUTTENSCHLOSS Die Drei-Flüsse-Stadt Gemünden am Main erfreut sich bei Wanderern und Radfahrern großer Beliebtheit. Es münden hier nicht nur die Flüsse Sinn und Fränkische Saale in den Main. Ebenso kreuzen sich die den Wasserläufen angeschlossenen Fernrad- und Wanderwege. Unsere Tour aber führt weg vom Main, hin zur langsam und verträumt dahin fließenden Saale. Deshalb ist sie trotz vieler Wehre auch bei Kanuten sehr beliebt. Wir starten am Huttenschloss nahe der Mündung. Das von einem Amtmann erbaute Barockschloss stammt aus dem Jahre 1711. Fünfzehn Jahre später kaufte es Franz Ludwig von Hutten zu Stolzenberg. Bei den Namensgebern, den Hutten, handelt es sich um ein fränkisches Uradelsgeschlecht. Ihre Existenz ist seit dem 12. Jahrhundert beurkundet. Neben dem Museum Film-Photo-Ton beherbergt das Huttenschloss heute die Ausstellungsräume des Naturparks Spessart. Wer möchte, kann sich dort mit ergänzendem Kartenmaterial und weiteren Ausflugstipps versorgen.

Die Ruine der Scherenburg thront über Gemünden.

SAALEINSEL Los geht es über die Brücke zur Saaleinsel. Dort zwischen Saale und Mühlbach haben die Gemündener ihre Outdoor-Aktivitäten gebündelt. Hintereinander aufgereiht liegen Bewegungsparcours, der ausgesprochen gelungene Wasser- und Abenteuerspielplatz Lindenwiese, ein Sportplatz, das Freibad und der Campingplatz. Wir passieren die Einrichtungen bis hinter die Mündung des Sinns, wo eine Fußgängerbrücke von der Insel herunter führt. Vor den Tennisplätzen biegen wir rechts zum befestigten Saaleweg ab. Nach etwa 700 Metern erreichen wir ein Wehr mit einer weiteren Brücke. Der Blick hinunter auf den Fluss und das nördliche Ende der Insel ist recht nett, allerdings ist die Bezeichnung Saalewasserfall doch ein wenig übertrieben.

LUFTALARM IM SAALETAL Weiter geht es, wie gehabt auf der rechten Saaleseite, was in unserem Fall bedeutet, dass der Fluss rechts von uns verläuft: Wir wandern ja zur Quelle hin. Bald verschwinden die letzten Häuser Gemündens auf der anderen Talseite. Unser Weg rückt näher an den Wasserlauf heran. Sanft erheben sich die bewaldeten Hügel des Spessarts auf beiden Seiten. Der Herbst hat die ersten Blätter schon wunderbar angemalt. Das Sonnenlicht spiegelt sich auf der Wasseroberfläche und wärmt die Haut. Plötzlich jagen zwei riesige Vögel das Tal herunter, passieren uns in kurzer Entfernung, drehen ein paar Meter weiter unten um und düsen wieder zurück. Es sieht aus wie ein kleiner Ausflug nur aus Jux und Tollerei. Fliegen um des Fliegens Willen. Gebannt versuche ich die Flugshow mit der Kamera festzuhalten aber natürlich ist wieder das falsche Objektiv aufgedreht! Schwäne sind es, sie verfügen über eine ungeahnte Flügelspannweite und Geschwindigkeit. Die Motorradgang der Lüfte! Einige Minuten später beschreibt die Saale eine kleine Biegung und

Tipp

TRÄNENREICHER UMWEG

Vom Kloster Schönau führt der Nonnenpfad 6,5 Kilometer nach Nordwesten zur Burg Rieneck. In früheren Zeiten konnten einem dabei die unverheirateten Töchter des Rienecker Grafengeschlechtes entgegen kommen. Oft entgegen ihrem Willen ins Kloster geschickt, vergossen sie unterwegs unzählige Tränen. Entlang des Sinns geht es zurück zum Huttenschloss.

wir sehen uns wieder: Als ob nichts gewesen wäre, schwimmen die Jungvögel brav auf dem Wasser. Etwas abseits von ihrer Familie hecken sie wahrscheinlich schon den nächsten Streich aus.

KLOSTER SCHÖNAU Knapp vier Kilometer nach dem Start taucht auf der gegenüber liegenden Talseite der Turm von Kloster Schönau auf. Eine Brücke bringt uns über die Saale, die hier, von einem weiteren Wehr in ihrem ruhigen Lauf behindert, ein wenig wilder fließt. Vielleicht die letzten Hinweise auf eine nicht mehr existente Mühle? Vom 1289 gegründeten Kloster ist ebenfalls kaum mehr als die barocke Klosterkirche erhalten. Ihr Besuch ist auf dieser Wanderung allerdings obligatorisch. Unter anderem sind dort der riesige Altar und mehrere Gemälde von Georg Sebastian Urlaub (1685–1763) zu sehen.

WALDSEE ALTE EICHE Vom Kloster Schönau aus laufen wir ein Stück weit am Rand der Landstraße Richtung Gemünden. Sie ist wenig befahren. Nach 200 Metern schon

Das Huttenschloss beherbergt Ausstellungsräume des Naturparks Spessart.

können wir links in den Wald abbiegen. Dort führt ein unbefestigter Weg zum Waldsee »Alte Eiche«. Zwischen den Bäumen eröffnen sich immer wieder Ausblicke zur Talseite hin. Beim Waldsee handelt es sich um ein kleines Biotop, nicht viel mehr als eine Tränke für die Tiere im Wald. Schmetterlinge sitzen auf den Blüten, Libellen schwirren durch die Luft. Daneben die alte Eiche: Ein Naturdenkmal von fast vier Metern Umfang und einem geschätzten Alter von 250 Jahren, der Zeit, als im Spessart noch die Räuber hausten.

RUINE SCHERENBURG Weiter geht es Richtung Süden zur Slorburg. Von ihr sind nur noch einige Fundamentreste zu erkennen. Sie wurde schon im Jahre 1243 geschleift und war wahrscheinlich die Vorgängerin der Scherenburg. Wir finden sie gleich dahinter. Erst im 18. Jahrhundert wurde sie verlassen und dem Verfall preisgegeben. Den Rest erledigten die Zerstörungen des 2. Weltkriegs im nahen Gemünden.
Neben den Außenmauern erhebt sich immer noch weit sichtbar der mächtige Bergfried. Er wird von einer Fledermauskolonie bewohnt, die unter Artenschutz steht, weshalb er nicht bestiegen werden kann. Verschmerzbar: Vom Burggelände aus haben wir einen grandiosen Ausblick über die Täler von Main und Saale. Bis hinauf zu den ersten Erhebungen der Rhön reicht der Blick. Nachdem wir uns satt gesehen haben, erreichen wir den Berg herab die Stadt und dahinter das Huttenschloss.

INFO

TOURENCHARAKTER
Mittelschwere Rundwanderung über den befestigten Leinpfad entlang der fränkischen Saale, sehr sonnig, und auf überwiegend unbefestigten schattigen Waldwegen

AUSGANGS-/ENDPUNKT
Parkplatz Lindenwiese, Saalebrücke 3, 97737 Gemünden am Main (GPS: 50.057859340618755, 9.686816022813117)

ANFAHRT
Mit dem Auto: B26 nach Gemünden über Saalebrücke zum Huttenschloss; mit dem ÖPNV: ICE oder RB nach Gemünden am Main, 15 Minuten zu Fuß zum Startpunkt

TOURISTENINFORMATION
www.frankentourismus.de/orte/gemuenden_amain-197

EINKEHR
Gasthaus März in Schönau, Tel. 09351/20 30

Mittel | 3:40 Std. | 10,5 km | 220 Hm

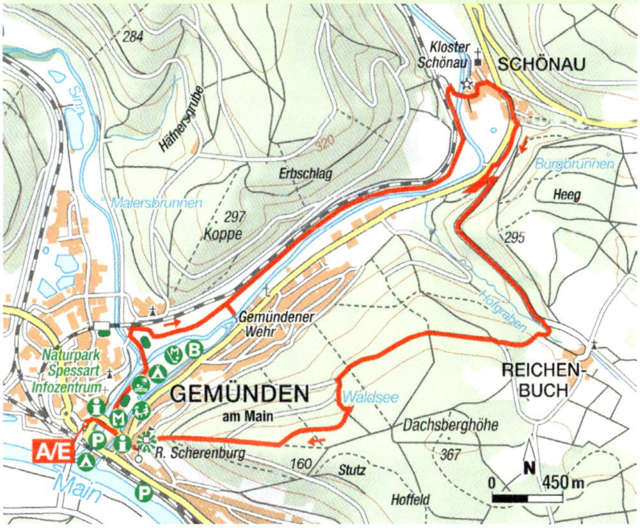

Von Kreuzwertheim ins Himmelreich

Wanderung an der Mainschleife

Enge Flussschleifen begeistern jedes Mal auf's Neue: In Unterfranken nennen sie den Hügel innerhalb der Schleife sogar Himmelreich. Trotzdem ist das herrliche Wandergebiet an der Mainschleife wenig frequentiert.

6

Am Mainufer im Himmelreich

↑ Der Heunweg existiert seit Jahrhunderten.
↗ Bienenstöcke in den Streuobstwiesen am Main

AUF INS HIMMELREICH Ist man erst einmal in Wertheim auf der baden-württembergischen Seite des Main oder Kreuzwertheim auf der bayerischen Seite angelangt, kann man das Auto stehen lassen. Von beiden Städten aus ist das Himmelreich per pedes zu erreichen. Wir starten am Wohnmobilstellplatz Kreuzwertheim. Von dort geht es direkt am Mainufer entlang Richtung Westen. Parallel, aber durch Gebüsch getrennt, führt auch die Bahnhofstraße zum ersten Wegpunkt der Tour. Wer am letzten Haus einen Blick auf den nicht mehr genutzten Kaffelsteintunnel, Heimat der Fledermäuse, werfen möchte, kann sie auf dem Weg zum Ostportal relativ gefahrlos überqueren. Verkehr herrscht hier kaum.

Nach 20 Minuten erreichen wir den kleinen Wanderparkplatz Himmelreich, wo eine Infotafel über den Verlauf des Main mit seinen Kurven und Schleifen informiert. Nur wenige Autos warten hier auf ihren Besitzer.

Tipp

AB IN DIE DUNKELHEIT

Wer sich am Abzweig hinter der Wettenburg lieber rechts hält, gelangt nach etwa zwei Kilometern zum Ostportal des Bettingbergtunnels. Die 730 Meter lange Unterführung ist Überwinterungsstätte für die Mopsfledermaus. Von Juni bis September kann die nicht beleuchtete Röhre jedoch durchwandert werden, um zum Startplatz zurückzukommen. Taschenlampen nicht vergessen.

ENTLANG DES MAINS Sonnig geht es auf einem befestigten Weg ganz nah am Main entlang. Die lichte Vegetation am Ufer gibt immer wieder den Blick auf den Fluss frei. Ein schwerer Lastkahn steuert Richtung Rhein und verwirbelt das glitzernde Wasser. Er hat gerade die Staustufe Eichel passiert. Die Mauer quer durch den Main ist ein faszinierendes Accessoire und Blickfang zwischen den bewaldeten Hügeln. Eine Gitterbrücke für Fußgänger und Radfahrer führt in luftiger Höhe zur anderen Seite, wo sich die Schleuse befindet. Von dort oben kann man dem Schiffslift bei der Arbeit zusehen. Mit viel Gebrause zischt das Wasser ins

Efeu-Lianen verwandeln den alten Steinbruch in wilde Natur.

Becken, um die gewichtigen Kähne zu befördern. Wir kehren zu unserem Weg zurück, wo es wesentlich idyllischer zugeht: Auf den Wiesen zwischen den Obstbäumen haben die Imker ihre Bienenkörbe aufgestellt. Geschäftig surren die kleinen Insekten durch die Luft und verrichten ihr lebenswichtiges Handwerk. Bitte nicht stören!

WENDEPUNKT Nicht weit hinter der Schleuse endet der befestigte Weg auf einer Wiese. Fast nicht mehr erkennbar, verläuft er quer durch das Gras mit seinen kniehohen Halmen. Aber keine Sorge: Am Ende des grünen Teppichs taucht er wieder auf. Vorne am Ufer befindet sich eine kleine Bucht. Wer nachschauen möchte, ob es dort einen Strand gibt, sollte wissen, dass Mapcarta (eine Google-Maps-Alternative) an dieser Stelle ein wildes FKK verzeichnet. Nach dem Passieren der Wiese ist der Scheitelpunkt der Schleife geschafft. Auf der anderen Mainseite tut sich etwas: Urphar mit seinen Fachwerkhäusern, roten Dächern und dem Kirchturm ist pittoresk anzusehen. Zeit, dem Fluss Adieu zu sagen: Der Weg zweigt ab. Wir wandern nach links, hoch ins Himmelreich.

IRRWEG MAINUFER Wer den Abzweig verpasst, oder lieber am Wasser entlang wandern möchte, vergewissert sich vielleicht auf Google-Maps, ob dies möglich ist. Die elektronische Karte bestätigt den Wunsch und zeichnet einen Weg entlang des Ufers ein. Doch: Don't do! Vielleicht gab es diesen Weg einmal. Anfänglich scheint er sogar noch erkennbar zu sein. Doch man landet nach einigen Metern ohne Vorwarnung in einem Urwaldgebiet, das nicht (mehr) von der Forstverwaltung gepflegt wird: Umgestürzte Bäume und Äste behindern den Wanderer. Brennnesseln, Gestrüpp und Dornen stechen in die Kleidung. Das macht keinen Spaß. So verlockend der Pfad am Wasser aussehen mag: Wo es ein Himmelreich gibt, muss es wohl auch eine Hölle geben.

ÜBER DEN HEUNWEG ZUR WETTENBURG

Der Heunweg führt über den bewaldeten Kamm der Anhöhe durch das Himmelreich. *Heun* ist das keltische Wort für Riese, wahrscheinlich unserem Hünen verwandt. Im Fränkischen ist Heunweg die Bezeichnung für die alten Handelswege und Römerstraßen. Durch den Postverkehr haben sie ihre Bedeutung verloren, aber als Wanderwege stehen sie heute wieder hoch im Kurs. Nach etwa einem Kilometer taucht rechts ein alter Steinbruch auf. Vier bis fünf Meter wird es wohl steil hinunter gehen. Üppige Vegetation mit lianenartigem Efeu erinnert an einen kleinen Dschungel. Ein Stück weiter haben die wenigen Wanderer – uns ist niemand begegnet – kleine Steintürmchen gebaut. Vielleicht in Erinnerung an die alte Wettenburg, von der nichts mehr zu sehen ist. Nur ein altes Schild berichtet von der Gräfin, die hier in einem stattlichen Schloss gewohnt haben soll. Der Sage nach wollte sie den Main durchstechen, um das Himmelreich zu einer Insel zu machen. Eine verlorene Wette hinderte sie in letzter Minute, das Vorhaben umzusetzen. Nach diesem Stopp halten wir uns links. So finden wir an den Main, der uns zurückführt.

INFO

TOURENCHARAKTER

Mittelschwere Rundwanderung über befestigte Wege, einen Wiesenanteil und Waldwege, am Mainufer teilweise sehr sonnig

AUSGANGS-/ENDPUNKT

Wohnmobilstellplatz, Fahrgasse, 97892 Kreuzwertheim (GPS: 49.76219882867115, 9.519051116938762)

ANFAHRT

Mit dem Auto: A3 nach Marktheidenfeld, St2315 nach Kreuzwertheim; mit dem ÖPNV: RE oder ICE nach Wertheim, 15 Minuten zu Fuß zum Startpunkt

TOURISTENINFORMATION

www.spessart-mainland.de

EINKEHR

Während der Sommermonate: Wertheimer Beach Club, www.wertheimer-beach-club.de

SEHENSWÜRDIGKEITEN

Burg Wertheim, www.burgwertheim.de

Mittel | 2:30 Std. | 11,3 km | 90 Hm

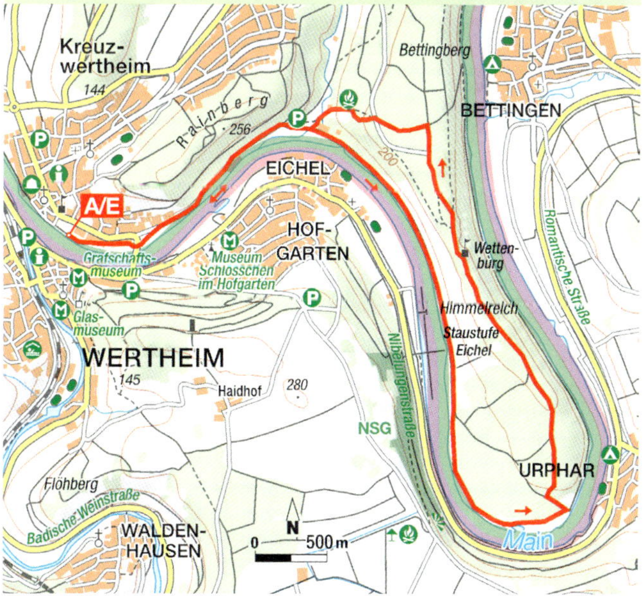

Ein verwunschenes Gemäuer mitten im Wald: Ruine Rodenstein

7

Von Reichelsheim zur Ruine Rodenstein

Abwechslungsreiche Sagenwanderung

Die Familientour startet am Reichelsheimer Rathaus. Abwechselnd geht es über gut ausgebaute Feldwege oder durch den Wald. An der Freiheit startet der Sagenweg mit seinen märchenhaften Geschichten. Vom einzigen Wasserfall im Odenwald, dem Fallbach, kommend, erreichen wir bald darauf die Burgruine Rodenstein.

RELAXEN MIT AUSSICHT Das imposante Reichelsheimer Rathaus mit der dem Straßenverlauf folgenden gebogenen Front wurde im Jahre 1904 als großherzogliches Amtsgericht gebaut. Dazu passend entstand gleich dahinter das Gefängnis, das heute ein Wohnhaus ist. Nach 400 Metern erreichen wir in der Nähe des Friedhofs das freie Feld: Im Sommer sonnig, im Winter zugig, steigt der Weg zum Wald hin stetig an. Auf den Pferdekoppeln links und rechts von uns versorgen die Besitzer ihre schlanken Tiere. Bevor wir den Wald betreten, müssen wir schon die erste Rast einlegen: Eine geschwungene Relax-Bank mit Panoramablick über die Gemeinde und das Reichelsheimer Tal lädt zum Verweilen ein.

DAS KLEINE STEINERNE MEER Gleich hinter der Waldgrenze passieren wir die Philipp-Gottmann-Hütte und erreichen eine für den Odenwald typische Geröllhalde. Obwohl der Steinhaufen so klein ist, dass er nicht mal einen Namen bekommen hat, inspiriert die kleine Schwester des Steinernen Meeres und macht Lust auf einen Besuch des bekannten Naturdenkmals Felsenmeer in Lautertal. Doch jetzt geht es erst einmal weiter Richtung Sagenweg. Wir verlassen bald das Wäldchen und befinden uns auf einer welligen Hochebene. Links und rechts wachsen vereinzelt alte, vom Wind krumm gedrückte Obstbäume. Der Hochnebel dieses Spätherbsttages verwandelt die Landschaft in eine mystische Märchenlandschaft. Genau die richtige Stimmung für einen Sagenweg. Würde es regnen, könnten wir uns in eine pavillonartige Unterstellhütte flüchten. Brauchen wir aber nicht an diesem zwar kühlen, aber wunderschönen Tag.

DIE LAUDENAUER FREIHEIT Nach knapp vier Kilometern haben wir die Freiheit erreicht: Das kleine Gehöft gehört heute zum Ortsteil Laudenau. Im 15. Jahrhundert jedoch trafen hier die Gemarkungen von gleich drei Adelsgeschlechtern aufeinander. Ein Streifen Niemandsland trennte die Ländereien der Rodensteiner, Erbacher und Katzenelnbogener. Wer sich dort hin flüchtete, entging für 48 Stunden der Gerichtsbarkeit des jeweiligen Herrscherhauses, musste aber selbst Frieden bewahren: Fing er zum Beispiel eine Schlägerei auf der Freiheit an, bestrafte ihn das Gericht umso strenger.

DER SAGENWEG Der breite Waldpfad fällt von der Freiheit sanft zur Ruine Rodenstein ab. Dabei hält er sich fortlaufend am Fuße des Wildweibchensteins. In regelmäßigen Abständen sind Informationstafeln zu den lokalen Sagen rund um die Rodensteiner und den Wildweibchenfelsen aufgebaut. Wer mit seinem Smartphone den QR-Code auf den Tafeln scannt, hört die kurzen und spannend zusammengefassten Geschichten. Ein Riesenspaß – nicht nur für die Kleinen. So braucht es schon ein wenig länger als

Mystische Sagen kursieren über die Frauen am Wildweibchenstein.

↑ Philipp-Gottmann-Hütte ↗ Für den Odenwald typische Geröllhalde

üblich, bis wir den Kilometer zum einzigen Wasserfall des Odenwalds zurückgelegt haben. Je nachdem, wie viele Regenfälle es am Vortag gab, rauscht oder tropft das Wasser über einen ansehnlichen Felsen am Wegesrand. Wenn es im Winter gefriert, ist das Ganze geradezu märchenhaft.

RUINE RODENSTEIN Einige Meter weiter unten taucht die Ruine der Burg Rodenstein im Wald auf: In gerader Linie schauen wir auf das Fries des Bergfrieds. Ein ungewöhnlicher Anblick und Erleichterung zugleich: Wir nähern uns der Festung von oben und müssen keinen steilen Berg mehr erklimmen. Natürlich gehört das Besichtigen der alten Gemäuer zum Pflichtprogramm dieser Wanderung. Vor allem, da die Mauern ohne Absperrung und Eintritt frei betretbar sind. Im Weiteren zeigt sich, dass Burg Rodenstein keinesfalls im Tal steht, sondern leicht erhöht am Hang. So hatten die Burgherren einen besseren Zugriff auf ihre Wiesen und Ländereien, als von weit oben auf dem Berg.

Tipp

DIE WILDEN FRAUEN

Die namensgebende Felsformation dieser Wanderung wird nur gestreift. Vom Sagenweg aus ist sie nur hinter Bäumen und Büschen oben auf dem Hang zu erahnen. An den sagenumwobenen Felsen lebten wohl irgendwann ein paar Frauen, die sich dort der Kräuterkunde widmeten. Natürlich mussten sie das heimlich tun und natürlich bekamen sie bald einen schlechten Ruf, wurden der Hexerei und der üblichen Schandtaten dieser Zeit bezichtigt. Eine andere Sage berichtet von einem Jäger, der sich in eine dort lebende Frau verliebte, ihrer aber bald nach der Geburt seines Sohnes überdrüssig wurde. Wer den Felsen einen Besuch abstatten möchte, nimmt an der Freiheit den ausgewiesenen Weg. Nach 500 Metern ist der Wildweibchenstein erreicht. Allerdings ist es ratsam, den gleichen Weg zurückzugehen, um wieder auf den Sagenweg zu gelangen.

EICHBRÜNNCHEN Jetzt fällt unsere Aufmerksamkeit auf ein kleines Bauwerk links am Wegesrand, das an einen kleinen Keller erinnert. Allerdings für Zwerge, denn der gemauerte Eingang ist nicht einmal hüfthoch. Daneben tropft ein kleines Rinnsal den Hang hinunter: Dem Eichbrünnchen werden sogar besondere Kräfte nachgesagt, die allerdings nur den an einem Sonntag geborenen Menschen vorbehalten sind: Sonntagskinder können nach dem Genuss des Wassers Dinge sehen, die sonst kein Mensch erblicken kann.
Noch einmal geht es hügelauf über einen Feldwirtschaftsweg, den wir nach dem Wanderparkplatz Rodenstein wieder verlassen, um erneut schattigen Wald zu betreten. Oberhalb des Landhotel Lortz erreicht der Sagenweg an einem Schafstall dann die Eberbachstraße. Neugierig kommen die Vierbeiner näher, um sich vielleicht ein paar Streicheleinheiten abzuholen. Wahlweise über die Autostraße oder im Zickzack über die Felder geht es von hier aus nach Reichelsheim zum Rathaus zurück.

Das Eichbrünnchen soll Sonntagskindern besondere Kräfte verleihen.

INFO

TOURENCHARAKTER
Mittelschwere Rundwanderung auf überwiegend unbefestigten Feld- und Waldwegen

AUSGANGS-/ENDPUNKT
Rathaus Reichelsheim, Bismarckstraße 43, 64385 Reichelsheim (Odenwald) (GPS: 49.71518009522579, 8.839207351982184)

ANFAHRT
Mit dem Auto über A5 und B38 nach Reichelsheim

TOURISTENINFORMATION
www.reichelsheim.de

EINKEHR
Hofgut Rodenstein, Tel. 06164/10 87, www.hofgut-rodenstein.de

SEHENSWÜRDIGKEITEN
Schloss Reichenberg, www.schloss-reichenberg.de

Mittel | 3:30 Std. | 9,6 km | 250 Hm

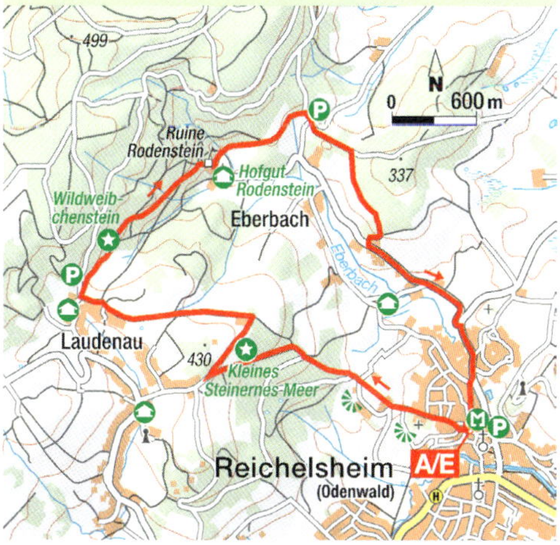

Reben, so weit das Auge reicht

Rundwanderung bei Nierstein

Die Panoramatour führt vom Weindörfchen Schwabsburg hoch auf den Roten Hang. Er belohnt den Aufstieg mit großartigen Aussichten über die Rheinebene, den Odenwald und das Rhein-Main-Gebiet. Zurück geht es durch ein Meer aus Reben.

8

Die Rebstöcke erstrecken sich bis zum Horizont.

↑ Die Kilianskirche steht an einer Jahrhunderte alten Kultstätte. ↗ Hagebutten – die Männlein am Wegesrand

SCHLOSSTURM-BLICK Die Tour beginnt im kleinen Örtchen Schwabsburg. Ein Hohlweg führt uns auf den Roten Hang. Schon nach einer Viertelstunde erreichen wir die erste von der örtlichen Jagdgenossenschaft errichtete Schutzhütte mit Schlossturmblick.

Tipp

BESUCH BEI DEN WINZERN

Nehmen Sie sich ruhig Zeit, um Schwabsburg und Nierstein zu erkunden. Die liebevoll gepflegten Ortschaften blicken auf eine lange Geschichte zurück. Sie wird an vielen Stellen im Stadtbereich dokumentiert. Die Winzer und Weinwirtschaften freuen sich natürlich auch über einen Besuch. Macht nichts, wenn deren Türen verschlossen sind: Klingeln Sie einfach mal an der Türglocke, um einen Einblick hinter die hohen Tore zu bekommen und vielleicht ein paar edle Tropfen mit nach Hause zu nehmen.

Unten im Ort sehen wir Menschen auf dem alten Burgturm stehen, die ihrerseits zu uns heraufschauen. Eine Hinweistafel informiert über die Geschichte der 1214 von den Staufern erbauten Burg im Ort. Mehr als der weit sichtbare Turm ist nicht von ihr übrig geblieben. Nachdem sie schon im Dreißigjährigen Krieg von General Spinolas Truppen zerstört worden war, dauerte es noch fast 200 Jahre, bis die Ruine abgebaut wurde. Napoleon ließ die Steine der Ruine versteigern. Zum Glück verschonte er den Turm.

ROTER-HANG-HÜTTE Weiter geht es Richtung Westen, immer am Rand des Roten Hanges entlang. Der Wartturm oberhalb von Nierstein kommt bald ins Sichtfeld: Seine Ursprünge reichen ebenfalls ins 12. Jahrhundert zurück. An strategisch günstiger Stelle bietet der Aussichtsturm einen Rundumblick in alle Richtungen. Damals wurden die Menschen mit Hilfe von Fahnensignalen vor herannahenden Feinden gewarnt. Wir machen den Schlenker zur Roter-Hang-Hütte. Dort fläzen wir uns erst einmal auf die sonnenbeschienenen Relax-Bänke und genießen die grandiose Aussicht auf Nierstein und die Rheinebene im Süden. Rundherum wächst

Die Rheinfähre Landskrone verbindet die beiden Rheinufer.

der weltbekannte Niersteiner Ölberg: Die Reben hier am Südhang sind das Jahr über besonders starken Winden ausgesetzt. Ihre Trauben bleiben klein, bilden dafür aber ein ganz intensives Aroma. Der aus ihnen gekelterte Wein soll wie Öl über den Gaumen gehen.

HEIMATBLICK Auf dem Weg Richtung Westen erreichen wir ein mit Reben bewachsenes Tor. Wie ein Bilderrahmen sein Gemälde, umrahmt es die Aussicht auf den Ort. »Nierstein – Heimat der Reben« steht darüber auf einer hölzernen Tafel. Und in der Tat blickt Nierstein auf eine alte Weinbautradition zurück. Im Stadtgebiet gibt es Funde einer Römersiedlung aus dem 3. Jahrhundert. Als eine der ertragreichsten Sparten des Ackerbaus intensivierten die Südländer den Weinbau im Rheingau. Am Roten Hang fanden sie hervorragende Bedingungen. Bei der Arbeit an den Reben genossen sie wahrscheinlich schon damals die Aussicht über den Rhein bis weit hinüber zum Odenwald und beobachteten vielleicht einen Vorläufer der Rheinfähre Landskrone auf ihrem Weg hinüber nach Kornsand.

DIE ALTE KELTER Mit Blick auf den mit 517 Metern höchsten Berg der südhessischen Bergstraße, dem Melibokus, wandern wir weiter in Richtung Osten, bis wir auf den Rebstockweg treffen. Und es wartet schon der nächste Rastplatz: Unter dem Dach der Schutzhütte finden wir eine alte Kelteranlage, daneben eine weitere Infotafel zum Thema Wein. Schattige Bänke bieten die letzte Gelegenheit, noch einmal den Blick nach Süden zu genießen. Über die Verlängerung der Karolingerstraße hinaus geht es jetzt nördlich zum Kranzberg.

ALEXANDER VON HUMBOLDT Wir befinden uns jetzt an der Abbruchkante des Roten Berges. Hier tritt der rote, eisenhaltige Stein an die Oberfläche. Lassen wir den Blick schweifen, gelangt das Panorama des Rhein-Main-Zentrums ins Sichtfeld. Frankfurts Skyline fasziniert immer wieder auf's Neue – vor allem aus der Ferne betrachtet. Nächste Station ist die Fockenberghütte. Sie wurde oberhalb einer Steillage errichtet. 500 Meter weiter folgt eine besondere Aussichtsplattform: der Alexander von Humboldt-Blick. Der Naturforscher berichtete in seinen Aufzeichnungen von einer Kutschfahrt von Mainz nach Nierstein, wo ihn die

Geologie des Roten Hanges interessierte. Wir können uns kaum am Fernblick satt sehen, jedoch lockt nur 300 Meter Luftlinie entfernt die »Schönste Weinsicht Rheinhessen 2012«. Allerdings umläuft der Weg dorthin eine Zerklüftung des Hanges. Wir können uns nicht vorstellen, dass der Schlenker das humboldtsche Panorama entscheidend toppen kann. So nehmen wir den Weg nach Westen über den Roten Berg, das nördliche Ende des Roten Hanges.

EIN MEER AUS REBEN Geradlinig in einem Gitternetz angelegte Wege führen durch einen Ozean der Reben. Unendliche Weiten voller Weinstöcke gedeihen hier, stehen links und rechts in langen Reihen Spalier. Sanfte Hügel sind erst nach einer Weile von Heckenstreifen unterbrochen. Zehn Prozent der Fläche haben die Winzer für den Naturschutz bereitgestellt. Im Frühjahr blühen dort Mandeln und Zwetschgen; Hasen, Rehe, Fasane, Uhus und andere Wildtiere finden im Gebüsch Unterschlupf. Wir können es fast nicht glauben, als die Weinberge enden und wir schließlich auf normale Äcker treffen. Hier lädt des »Königs Stuhl« zu einem Fototermin. Bald erreichen wir den Modellflugplatz. Manchmal bekommt man hier eine Flugshow geboten. Entlang des Flügelbaches geht es anschließend zurück zum Parkplatz.

INFO

TOURENCHARAKTER
Mittelschwere Rundwanderung auf größtenteils befestigten, sonnigen Weinbergwegen

AUSGANGS-/ENDPUNKT
Hauptstraße 119, 55283 Nierstein, gegenüber der Woogstraße in nördlicher Richtung starten (GPS: 49.86556906717007, 8.309240949610047)

ANFAHRT
Mit dem Auto über A3, A66, B3 nach Nierstein, Landstraße nach Schwabsburg

TOURISTENINFORMATION
www.nierstein.de/wein-tourismus-kultur

EINKEHR
Winzerhaus Nierstein, Tel. 06133/56 89, www.winzerhaus-nierstein.de

SEHENSWÜRDIGKEITEN
Kilianskirche in Nierstein, nur wenige Meter neben dem Wanderweg an einer alten Kultstätte

Mittel	3:00 Std.	10,5 km	120 Hm

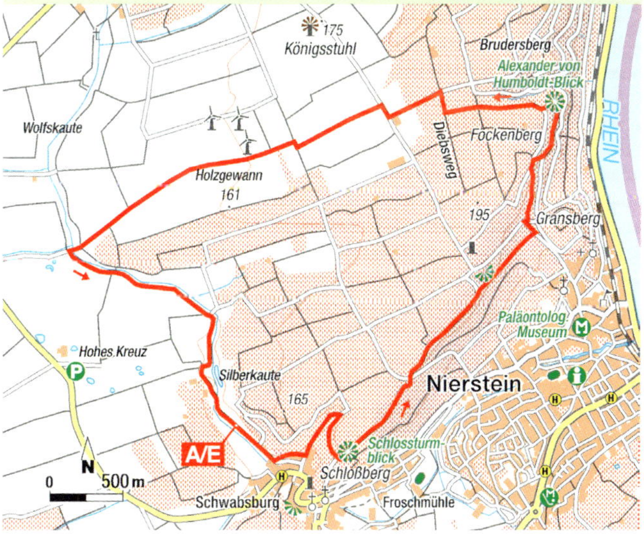

Der Ludwigsturm auf dem Donnersberg

9

Zur Ruine Wildenstein und dem Tannenfels

Zwei-Burgentour am Donnersberg

Viel mehr als ein einziger Berg: Das von nahezu ganz Rheinhessen aus weit sichtbare Bergmassiv mit seinen bewaldeten Gipfeln, fünf Burgen und dem Ludwigsturm ist an Sonn- und Feiertagen ein beliebtes Ausflugsziel, bietet aber auch Raum für einsame Wanderungen durch wilde Täler und aussichtsreiche Höhen.

ALLER ANFANG IST SCHWER Von der Obertorstraße geht es direkt steil in den Wald hinein. Die ersten 200 Meter kommen wir deshalb nur sehr langsam voran. Dann ist das Schlimmste geschafft: Über den quer zur Steigung verlaufenden, flachen Waldweg geht es nach links weiter. Schnell erreichen wir das Trappistinnenkloster Gethsemani. Bergabwärts über die Donnersbergstraße kommen wir an eine kleine Treppe. Sie bringt uns auf einen kleinen Pfad nahe an der Grundstücksgrenze des Stifts. Dahinter eröffnet sich ein weites Waldgebiet. Die ersten Schneisen zwischen den Bäumen geben den Blick in die Ferne über die wellige Landschaft des Donnersbergkreises frei.

UNTER DEM ADLERBOGEN Das Denkmal aus der Kaiserzeit überspannt zwei Felsen. Die Füße der seitlichen Pfeiler schmücken Statuen von Generalfeldmarschall Graf Helmuth von Moltke und Reichskanzler Otto von Bismarck. Darüber thront oben der Adler, bereit sich in die Lüfte zu erheben. So umrahmt das Denkmal eine spektakuläre Aussicht. Für den längeren Aufenthalt wurden Tische und Bänke daneben errichtet: ein beliebter Rast- und Picknickplatz. Den möglichen Trubel und die kaiserliche Symbolik meidend, halten wir uns an den unterhalb

Tipp

ALTMODISCHE NAVIGATION

Das Donnersbergmassiv erhebt sich bis zu 410 Meter aus dem Umland. Auf etwa sieben Kilometern Länge und viereinhalb Kilometern Breite verteilen sich mehr als ein halbes Dutzend Erhebungen, die durch tiefe Täler getrennt sind. Einmal falsch abgebogen, kann das Erreichen eines nur wenige 100 Meter Luftlinie entfernten Zwischenzieles unversehens einen zeitraubenden Umweg erfordern. Durch die Topographie kann man sich auch nicht unbedingt auf Smartphone und GPS verlassen. Gut beraten ist, wer seine Route im Vorfeld der Wanderung genauestens plant und für den Fall der Fälle eine altmodische Wanderkarte und einen Kompass mit sich führt.

Gedenkstein des Villagarten am Kutscherweg

Geheimnisvolle Mauerreste von Burg Wildenstein

des Adlerbogens verlaufenden Pfad. Von hier unten erscheint der Bogen aber leider nur halb so spektakulär.

STEINIGER PFAD AM LOST PLACE 20 Minuten, nachdem wir den Adlerbogen passiert haben, verwandelt sich der schöne, weiche Waldboden zu unseren Füßen. Der Weg wird steinig. Rechts an der Bergseite sind die Felsen nicht mehr von Erde bedeckt, sondern treten an die Oberfläche. Überall liegen die Brocken, sodass wir bei jedem Schritt aufpassen müssen, wo wir hin treten. Erosionsschutt des vulkanischen Gesteins. Dann taucht ein Steinbruch auf. Hier mitten im Wald – 45 Minuten Fußmarsch von der nächsten Straße oder Siedlung entfernt. Zwei Hütten zeugen noch von ehemals menschlicher Anwesenheit. Sie sind leer und verfallen.

WILDENSTEIN Noch einmal will eine Kerbe in der Bergflanke umgangen werden. Dann zweigt ein Pfad links zur Wildenburg ab. Von der ist erst einmal nicht viel mehr zu sehen als ein überwucherter Steinhaufen am Wegesrand. Ohne die alte Bank mit dem gelben Schild »Ruine Wildenstein« daneben, wären wir glatt daran vorbei gelaufen. Erst nachdem wir den ehemaligen Burggraben überwunden haben, tritt das wahre Ausmaß der alten Burg zu Tage: Auf einer steilen Klippe über dem Wildensteiner Tal bietet sie einen spektakulären Blick nach Süd-Ost. Wir klettern zwischen Resten der ehemaligen Burgmauern herum, können aber nur vage erahnen, wie Burg Wildenstein einmal ausgesehen haben muss: Außer ein paar Urkunden über den Wechsel der Besitzverhältnisse im 14. Jahrhundert existieren so gut wie keine Aufzeichnungen über das Gemäuer und seine ehemaligen Bewohner.

GROSSVERSUCH IM WALD Von der Ruine Wildenstein führt der Weg in westlicher Richtung. Hier machen wir nicht den Fehler, dem Bachlauf zu folgen, um hinunter ins Wildensteiner Tal zu gelangen: Dieser Teil des Waldes ist sich selbst überlassen worden.
Während vom Tal kommend eine große Tafel angebracht wurde, die dem Wanderer den Weg zu einer Umgehung zeigt, steht hier oben nur ein altes Blechschild mit der grünen Schrift: »Versuchsanlage zum Schutz und zur Erhaltung gefährdeter Waldökosysteme – Bitte helfen Sie mit, dass diese Einrichtung nicht zerstört wird«. Hört sich an wie »Bitte bleiben Sie auf den Wegen und nehmen Ihren Müll mit«. Gemeint ist aber: »Nicht betreten«. Anfänglich war das den Forstarbeitern wohl selbst nicht klar. Zwar ließen sie die umgestürzten Bäume liegen, hielten aber noch den Weg frei, indem sie kurze Stücke heraus schnitten. Irgendwann wurde auch das aufgegeben: Das Wildensteiner Tal ist heute nicht mehr begehbar.

HÜHNERBERG Tiefe Täler schneiden in den südwestlichen Teil des Donnersbergmassivs hinein. Der Weg windet sich schier unendlich durch das Waldgebiet. Gut, wer ausreichend Proviant mitgenommen hat: Im tiefen Wald gibt es weder Hütte noch Biergarten. Aber dafür Picknickplätze. Zum Beispiel am Wegekreuz Hühnerberg. Hier scheiden sich die Wege: Wer eine ausgedehnte Tagestour am Donnersberg unternimmt, wendet sich Richtung Süden, um die nur wenige Meter südlich verlaufende Wanderung Falkenstein (nächstes Kapitel) mitzunehmen. Ansonsten geht's Richtung Norden über den Kiosk am Ludwigsturm zurück. Dort gibt es kühle Erfrischungen – und meistens auch andere Wanderer.

RUINE TANNENFELS Rund um den Donnersberg gab es früher einen Burgenkranz mit fünf Burgen. Zwei davon besuchen wir auf dieser Tour: Nach Ruine Wildenstein erreichen wir jetzt die Ruine von Tannenfels. Unser Weg streift die Ruine nur, denn er führt unterhalb vorbei. Am Villagarten am Kutscherweg befand sich in früherer Zeit der untere Burghof mitsamt der Burgkapelle. Später bewirtschaftete die Caritas an gleicher Stelle einen Pflanzengarten für ihr Kinderheim im Ort. Direkt daneben verkehrte die Postkutsche auf dem Weg von Rockenhausen zum Kurhaus *Villa Rotberg*. Ein Gedenkstein erinnert an diese Episode. Die letzten Meter zurück zum Parkplatz geht es steil den Berg hinunter.

INFO

TOURENCHARAKTER

Schwere Rundwanderung auf unbefestigten Waldwegen und Pfaden, steile Stelle direkt nach dem Start

AUSGANGS-/ENDPUNKT

Oberstraße 15-13, 67814 Dannenfels (GPS: 49.62678175917978, 7.94255985152501)

ANFAHRT

Mit dem Auto über A63 und L398 nach Dannenfels

TOURISTENINFORMATION

www.dannenfels.de

EINKEHR

Landhotel Berg, Tel. 06357/973 50, www.hotel-berg.de

SEHENSWÜRDIGKEITEN

Naturdenkmal Hirtenfels in der Nähe des Adlerbogens

Schwer | 3:40 Std. | 12 km | 513 Hm

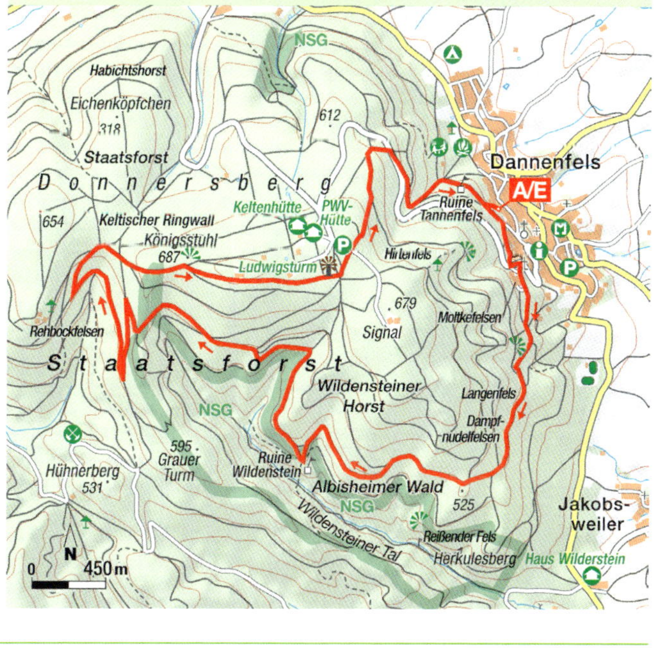

Von Falkenstein zur Ruine Hauenstein

Die Südwestflanke des Donnersbergs

Schattige Täler, steile Anhöhen, viel Wald und Burgen bietet auch die zweite Wanderung am Donnersberg. Wer einen ganzen Tag Zeit hat, kann die zwei Touren kombinieren.

Blick von Burg Falkenstein auf den Campanile

10

↑ Die Kronbuchhütte ist nur an Sonn- und Feiertagen geöffnet. ↖ Spuren der Forstarbeiter auf dem Waldweg

TANZ AUF DEM VULKAN Es ist schon eine außergewöhnlich ruhige und wilde Ecke hier in Falkenstein. Nur ein einziges kleines Sträßchen, ausgestattet mit engen Kurven und bemerkenswerten Steigungen, verbindet den kleinen Ort mit den Landstraßen nördlich oder südlich. Gerade mal 25 Einwohner bevölkern den Quadratkilometer; in Mainz sind es fast tausendmal mehr. Abgesehen von den Besitzern der Wochenendhäuschen nördlich des Dorfes finden nicht viele Touristen den Weg über die alte Passstraße. Dabei ist die örtliche Burgruine durchaus sehenswert: Sie wurde auf einen Vulkanschlot gebaut. Bei den regelmäßig stattfindenden kulturellen Veranstaltungen tanzt man dann tatsächlich auf einem Vulkan. Von der Burgmauer aus hat man einen weiten Blick ins Tal: Dort fällt der protestantische Glockenturm im neoromantischen Stil mit Spitzhelm ins Auge. Er erinnert an einen italienischen Campanile.

ÜBER DEN KÜBELBERG ZUR KRUMMKEHR Doch Burg Falkenstein heben wir uns für den Schluss der Wanderung auf und starten vom Wanderparkplatz Kronbuchhütte geradewegs in den dichten Wald des südwestlichen Donnersbergmassivs. Das Wandergebiet hier zwischen Kirch- und Kübelberg zählt zu den ruhigsten Ecken des Forstes. Fast eben hält sich der breite Wanderweg auf 500 bis 540 Metern Höhe über N. N. Dafür windet und schlängelt er sich gekonnt durch die hohen Wälder. Bald haben wir den Orientierungssinn verloren. Die Gipfel von Kübelberg und Kirchberg überqueren wir zwar, bemerken es jedoch gar nicht. Aber keine Angst: Früher oder später gelangt man hier immer irgendwie zum ersten großen Etappenziel der Krummkehr. Sie liegt nach fünf Kilometern am tiefsten Punkt der Tour auf nur 450 Metern. Neun Wanderwege treffen sich hier, leiten in die verschiedenen Richtungen weiter. Sie ist sozusagen die »alle-Richtungen-Kreuzung«, an der man meistens irgendwann vorbei kommt und von der man immer den Weg zurück in die Zivilisation findet. Wie ein Magnet zieht sie orientierungslose Wanderer an und zeigt ihnen den Weg. Zugegeben, die Richtungen der Wegweiser mit ihren Zeit- und Entfernungsangaben verblüffen: Unser eigentlich

Baumwurzel mit Cache auf der Hohfelshalde

gar nicht so schlechter Orientierungssinn sagt uns, dass wir viel näher an den ausgewiesenen Orten sein müssten, die Beschilderung rundet jedoch gute 50 Prozent auf. Natürlich stimmen die Informationen auf den Schildern. Wer vor dem Losmarschieren noch eine Rast braucht: In der Unterstellhütte kann man gar nicht stehen. Es handelt sich vielmehr um einen fest überdachten Tisch mit zwei Bänken.

RUINE HOHENFELS Sanft steigt der Weg zu der zwei Kilometer entfernten Burgruine Hohenfels wieder an. Die Burg wurde von der Abtei Prüm in der Eifel zum Schutz ihrer Eisenerzmine unten im Tal errichtet. Schon ab dem 9. Jahrhundert waren dort die Rheinländer bergmännisch tätig. Hohenfels verliehen sie an ein Adelsgeschlecht, das mit den Schutzaufgaben betraut war. Doch die Hohenfelser taten das Gegenteil: Statt zu schützen, verlegten sie sich auf das Raubrittertum. So brachten sie die benachbarten Städte und Grafen gegen sich auf. Die taten sich umgehend zusammen und machten dem Treiben und der Burg im Jahre 1351 ein Ende. Von der Ruine ist kaum mehr zu sehen als eine alte Halde und ein paar Grundmauern. His-

Tipp

EISEN, KUPFER UND SILBER

Seit der Keltenzeit wurden unterhalb der Hohenfelsburg bei Imsbach Eisen und andere Metalle abgebaut. Das reiche Vorkommen der verschiedenen Rohstoffe ist das Ergebnis der vulkanischen Tätigkeit rund um den Donnersberg. Wer mehr über die Entstehung und Geschichte des Abbaus der Metalle erfahren möchte, findet in und um den Ort eine wahre Erlebniswelt: Das ehemalige Dorfschulgebäude beherbergt heute das pfälzische Bergbaumuseum. Gleich zwei Besucherbergwerke führen in die Stollen unter Tage. Wer lieber oberirdisch unterwegs ist, findet die passenden montanhistorischen Rundwanderwege.

torisch wenig wertvoll – zumindest muss sich das die Forstverwaltung gedacht haben, als sie das Gelände zum Naturwaldreservat Hohfelshalde erklärte und die Besucher bat, zu ihrer eigenen Sicherheit auf den Wegen zu bleiben. Ähnlich dem Wildensteiner Tal sollte das Areal sich selbst überlassen werden. Den intakten Pfaden nach, findet die Bitte wohl keine große Akzeptanz bei den Besuchern.

BEUTELFELS Sanft fällt der Weg jetzt zum Aussichtspunkt Beutelfels ab. Er lockt mit einer grandiosen Weitsicht nach Süden über Imsbach, das Nordpfälzer Bergland und den Pfälzer Wald. Schon 1981 zum Naturschutzgebiet erklärt, bietet der Beutelfels Natur pur: Hier gedeihen noch die natürlichen Pflanzengemeinschaften wie Felsenahorn-Eichenwald oder der Schafschwingelrasen.

Auf dem steinigen Boden rund um die Plattform heißt es aufpassen: Bei Nässe herrscht Rutschgefahr. Ungewöhnlich ist dort der eiserne Mann, eine mittelalterliche, angemalte Metallfigur, die fahnenähnlich an einer Stange angebracht ist.

KRONBUCHE Der Rückweg erfolgt über märchenhafte Waldpfade und Wege zur Kronbuche. Genauer gesagt, Kronbuche III. Die erste Kronbuche erlag ihrem Alter, die zweite wurde vom Blitz getroffen. Danach dauerte es eine Weile, bis wieder ein Baum soweit heran gewachsen war, dass er den Titel Kronbuche tragen durfte. Die Auszeichnung Kronbuche ist übrigens eine Einmaligkeit, die es nur hier in Falkenstein gibt. Am Wochenende öffnet die urige Kronbuchhütte in direkter Nachbarschaft ihre Pforten für hungrige Gäste.

INFO

TOURENCHARAKTER

Mittelschwere Rundwanderung auf unbefestigten Waldwegen und Pfaden, bei Nässe Rutschgefahr in Nähe des Beutelfels

AUSGANGS-/ENDPUNKT

Wanderparkplatz Kronbuchhütte, Hauptstraße 42, 67808 Falkenstein
(GPS: 49.611462856999175, 7.876813905956669)

ANFAHRT

Mit dem Auto über A3, L386 nach Falkenstein

TOURISTENINFORMATION

www.winnweiler-vg.de/tourismus

EINKEHR

Kronbuchhütte, Tel. 06302/2546, www.kronbuchenhuette.de;
Burgstubb Falkenstein, Tel. 0176/42919816, www.burgstubb-falkenstein.de

Mittel	3:30 Std.	11,6 km	150 Hm

Das Felsenkloster ist einzigartig nördlich der Alpen.

11

Meditieren mit den Eremiten des Mittelalters

Rundwanderung bei Bretzenheim

Feldwege führen uns an Weinbergen vorbei zur Eremitage Bretzenheim, das einzige Felsenkloster nördlich der Alpen. Am Guldenbach vorbei besteigen wir den roten Fels über den Klosteranlagen. Von oben haben wir einen weiten Blick über das Guldental. Die heiligen Pfade der Eremiten führen uns zurück zum Weinberg.

DAS GULDENBACHTAL Vom Bretzenheimer Ortsrand starten wir über den Eremitenweg Richtung Westen. An der Gabelung halten wir uns rechts in der Nähe des Guldenbachs. Nach knapp zwei Kilometern erreichen wir die Kreuznacher Diakonie und gleich dahinter im roten Fels das einzigartige Felsenkloster. Ein steinerner Ritter bewacht die heilige Stätte seit Jahrhunderten. Bänke laden auch heute noch zum Meditieren ein. Wir setzen uns einen Moment und lassen die Atmosphäre auf uns wirken. Entlang des Feldweges führen wir unsere Tour zu den Nandus fort. Die großen Laufvögel aus Südamerika sind nicht ganz freiwillig hier: Sie bewachen die Hühner im gleichen Gehege vor den Raubvögeln. Bitte füttern Sie die Tiere nicht.

Im Eichwäldchen meditierten schon die Eremiten.

HOCH ZUM LINDEL Kurz vor dem Campingplatz biegen wir links in den Wald, folgen dem Eremiten auf den Schildern. Durch den Wald erreichen wir die Aussichtskanzel über dem Felsen mit Blick auf das weite Tal. Alles ist geschwungen und sanft. Die Hänge sind mit Reben bepflanzt und der Guldenbach verläuft in der Mitte quer hindurch. Weit erstrecken sich die Felder zwischen dem Dorf Guldental und den Nachbargemeinden. Umso bizarrer wirkt der rote Fels mit dem Kloster, auf dem wir uns gerade befinden. Eine geologische Anomalie.

HEILIGE WEGE Hier oben befanden sich schon früher kleine Pfade, die von den Eremiten gerne zum Meditieren genutzt wurden. Wandelgänge im kleinen Eichenwald von Mutter Natur, unterbrochen durch sonnige Lichtungen und am Rande der Reben entlang. Die erreichen wir auch bald. Dort erwartet uns der Rastplatz Rheingaublick. An diesen Bänken muss man einfach rasten. Ein riesiger Tisch mit bequemen Sitzgruppen bietet eine weite Aussicht über die Weinlandschaft südlich und östlich. Auf dem Rückweg lohnt noch ein kurzer Blick auf den alten Steinbruch. Im Gebüsch nisten Vögel und die Wildbienen summen eifrig umher.

INFO

TOURENCHARAKTER
Leichte Rundwanderung auf teilweise unbefestigten Wald- und Feldwegen

AUSGANGS-/ENDPUNKT
Eremitageweg, 55559 Bretzenheim (GPS: 49.88351242077064, 7.893432848023364)

ANFAHRT
Mit dem Auto über A60 und B48 nach Bretzenheim

TOURISTENINFORMATION
www.bretzenheim.de/project/eremitage

EINKEHR
Gaststätte Feldbahndepot beim Campingplatz, Tel. 0176/24791106

Leicht | 2:00 Std. | 6 km | 110 Hm

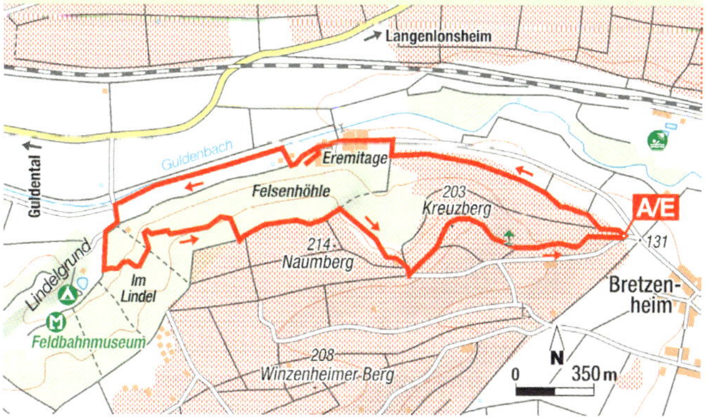

SEHENSWÜRDIGKEITEN
Feldbahnmuseum Guldental mit 50 Lokomotiven aus den Jahren 1903 bis 1981 auf einer 2 km langen Rundstrecke; feldbahnmuseum.9gg.de

Zwischen Wasser und schroffen Felsen

Dietesheimer Steinbrüche

Die leichte Wanderung führt auf ebenen Wegen durch die schroffen Basaltsteinbrüche bei Mühlheim am Main. Das Naherholungsgebiet um die Weiher erinnert manche sogar an die Plitvicer Seen in Kroatien. Im Herbst sehen wir hier ein wunderbares Farbenspiel.

12

Der Vogelsberger See mit seinen schroffen Felsen

↑ Picknickbank an der Wegekreuzung
↗ Brücke über den wilden Canyon

UNKONVENTIONELLE STRASSENNAMEN

Weit und breit kein Weinberg und doch schickt uns das Navi vom Südring aus in den »Wingertsweg«. »Am Grünen See« klingt, als ob wir dort fündig werden müssten, doch zum Parkplatz geht es tatsächlich durch eine Straße namens »Außenliegend«. Wer kommt denn auf so etwas? Hinter den Büschen versteckt erscheint dann noch ein Parkplatz mit ungewöhnlich vielen Abstellplätzen und einer Grillhütte mit der Aufschrift »Kickers Offenbach«. Diese ist ungelogen so groß, dass eine ganze Fußballmannschaft samt Anhang und Fans hier feiern könnte. Südöstlich starten wir an dieser Stelle zum größten und bekanntesten See mit der spektakulären Canyon-Brücke.

NAHERHOLUNGSGEBIET MIT SELBSTVERSTÄNDLICHEN REGELN Das jetzige Naturschutzgebiet war bis 1982 ein mehr als 150 Hektar großes Industriegebiet. Durch den Basalt- und Kiesabbau entstanden elf Weiher, die heute mehr als ein Drittel des Gebietes bedecken. Dazwischen wurden Eichen, Buchen und Sträucher angepflanzt. Insgesamt 120 000 Bäume und 7000 Sträucher. So sieht man dem Gelände seine industrielle Vergangenheit nicht mehr an. Im Gegenteil: Wir sind begeistert von der wilden Landschaft, den Seen mit bewaldeten Inseln und schroffen Felswänden. Doch vor dem Betreten des Geländes erklären uns große Schilder die Regeln im Seegebiet: nicht Schwimmen, nicht Bootfahren – klar, die Felsen über und unter Wasser haben scharfkantige Spitzen – kein Grillen oder offenes Feuer, Wege nicht verlassen. Das sind ja eigentlich Selbstverständlichkeiten in freier Natur zum Schutz der Tier- und Pflanzenwelt. Nach allem, was wir hören, muss sie das Ordnungsamt hier aber durchsetzen. Wir wundern uns also mehr über die Notwendigkeit der Warnschilder, als dass sie uns stören.

RUND UM DEN VOGELSBERGER SEE

Schon erreichen wir den Vogelsberger See am tiefsten Punkt seines Ufers. Hier müssen einmal die Arbeiter zum Tagebau das Gelän-

Der enge Fjord des Oberwaldsees

de betreten und den Basalt abtransportiert haben. Sonst stehen rund um das Ufer hohe Steilwände. In der Mitte liegt eine kreisrunde Insel. Die Bäume tragen goldenes Laub in den schönsten Herbstfarben. Der leichte Nieselregen – kommt vor im Herbst – stört uns dabei wenig: Wir sind ordentlich eingepackt und genießen den Tag, nur die Kamera hat Probleme mit der Feuchtigkeit und dem wenigen Licht. Gegen den Uhrzeigersinn umrunden wir den Vogelsberger See und treffen auf Reitwege, die weiter weg an den Steinbrüchen vorbei führen. Doch außer uns ist niemand unterwegs. An der Ostseite treffen wir auf einen kleinen Pfad, der noch einmal runter auf Wasserspiegelniveau führt. Dort haben wir die beste Sicht auf die Canyon-Brücke, die über den Fjord zwischen Oberwaldsee und Vogelsberger See führt. Beeindruckend.

OBERWALDSEE Wir überqueren die Brücke nicht, sondern wandern weiter gegen den Uhrzeigersinn um die Seen. Am Oberwaldsee finden wir keine Uferstelle: Die Felsen ragen senkrecht vom Wasser in die Höhe. Wie ein norwegischer Fjord oder ein schottisches Loch bricht er brutal in die Landschaft. Drei

Tipp

MEHR GESCHICHTSTRÄCHTIGE NATUR

Die Tour um die Steinbrüche lässt sich beliebig erweitern. Südlich erstreckt sich ein Wald- und Wiesengebiet mit abwechslungsreichen Stationen. Der Wingertsweg, der sich nach Süden fortsetzt, führte einst über Hausen nach Frankfurt. An einer Senke, der Steinkaute, wurde deshalb im 17. Jahrhundert schon eine wuchtige Basaltbrücke errichtet. Die Quelle darunter soll einmal Bierbrauqualität gehabt haben. Jetzt ist sie schon lange versiegt. Dafür haben die Bauern 1995 am Gailenberg in der Nähe der sieben Eichen den Weinbau wiederentdeckt. Der Naturschutzbund ist ebenfalls mit verschiedenen Projekten vor Ort.

Stellen sind etwas breiter und bilden eigene Teiche. Im größten davon liegt wieder eine Insel. Schaut man sich das Ganze auf einem Satellitenfoto an, sieht der Oberwaldsee aus wie ein Alien mit einem herzförmigen Auge. An der südlichsten Stelle erreichen wir den Aussichtspunkt, einen hölzernen Balkon am Rande der Klippen.

DER GALGEN Wir machen einen kleinen Abstecher in den Steinheimer Wald. Dort verbergen sich zwei steinerne Säulen von fünf Metern Höhe. Zwei Bänke davor und ein Hinweisschild erinnern an die barbarische Gerichtsbarkeit des 18. Jahrhunderts. Der Straßendieb Clomann hatte mit zwei Komplizen einem Mannheimer Händler den Koffer vom Wagen gestohlen. Da er schon zweimal vorher wegen Diebstahls erwischt worden war, ereilte ihn hier im Wald die drakonische Strafe der Hinrichtung. Vorher saß er allerdings erst noch zwei Jahre im Verlies des Steinheimer Bergfrieds ab. Selbstverständlich waren alle Würdenträger und die Zünfte zugegen, um das Spektakel zu beklatschen.

ZURÜCK ZU DEN SEEN Durch den Steinheimer Wald wandern wir zurück an den Oberwaldsee und weiter am Nordufer entlang, bis wir auf einen weiteren Aussichtspunkt treffen. Nach dem obligatorischen Blick von den Klippen auf den See drehen wir nach Norden ab. Über den Steinheimer Weg erreichen wir den Hansteinweiher: Er präsentiert sich wesentlich sanfter. Die schroffen Felswände mussten sandigen Uferbänken weichen, denn der Weiher entstand durch Kiesförderung. Wenig später erreichen wir den kleinen und märchenhaften Neuen See. Am Grünen See dahinter könnte man bei wärmerem und trockenerem Wetter eine Rast einlegen, aber es sind ja auch nur noch wenige Schritte bis zum Parkplatz.

INFO

TOURENCHARAKTER
Leichte Rundwanderung auf unbefestigten Waldwegen

AUSGANGS-/ENDPUNKT
Parkplatz am See, 63165 Mühlheim am Main, Am Südring rechts in Am Wingertsweg und Außenliegend (GPS: 50.11648377206035, 8.867076981936794)

ANFAHRT
Mit dem Auto: über A3 und B43; mit dem ÖPNV: S8 oder S9

TOURISTENINFORMATION
www.kreis-offenbach.de/Freizeit/Naherholung-Tourismus/Sehenswert

EINKEHR
Zum Grünen See Eck, Tel. 06108/8257776, https://see-eck.de

Wunderbare Weide am Maunzenweiher

13

Allein auf dem Goetheturm

Rundwanderung im Grüngürtel

Beste Aussicht auf Frankfurts Skyline bietet der Goetheturm. Danach geht's flach durch den Frankfurter Südwald mit vielen Rast- und Einkehrmöglichkeiten. Für Abwechslung sorgen die Kunstwerke von Friedrich Karl Waechter.

ERSTAUNT AM GOETHETURM Zum 100. Todesjahr seines berühmten Dichters erbauten die Frankfurter den höchsten öffentlich zugänglichen Holzturm Deutschlands. Gerade rechtzeitig wurde er im November 1931, zwei Monate vor Anbruch der Feierlichkeiten, eingeweiht. Die Auszeichnung der höchsten Holzkonstruktion hatte bis zum Jahr 1999 Bestand. Dann ging der Titel an den Jahrtausendturm in Magdeburg. Wir stellen an diesem Mittwoch im September verblüfft fest, dass keine anderen Besucher den Weg hierher gefunden haben. Turm, Spielplatz, Biergarten: Nirgends ist eine Menschenseele zu sehen. Wir vermuten, dass der Aufstieg gesperrt ist. Doch offensichtlich hindert uns niemand und nichts daran, die 196 Stufen zur Plattform in luftiger Höhe zu erklimmen. Kurze Zeit später befinden wir uns auf 43,3 Metern Höhe – immer noch alleine. Die Aussicht auf die Skyline hinter den Baumkronen raubt uns den Atem. Unwirklich kontrastieren, fast zum Greifen nah, die gläsernen Türme der Innenstadt mit dem grünen Blätterdach direkt vor uns. Den Jumbo-Jet im Landeanflug auf den Frankfurter Airport, wir befinden uns direkt in der Einflugschneise, nehmen wir nur am Rande wahr, so sehr fesselt uns die Aussicht. Der ursprüngliche Turm aus den 1930er-Jahren brannte 2017 ab, wurde aber nahezu originalgetreu wieder aufgebaut. Gute Entscheidung!

Tipp

RADFAHREN IM GRÜNGÜRTEL

Die flachen Wege des Frankfurter Grüngürtels eignen sich nicht nur zum Wandern. Ebenso können sie mit dem Fahrrad erkundet werden. Wem die Anreise mit dem eigenen Drahtesel zu umständlich ist, kann direkt neben dem Goetheturm ein geeignetes Gefährt leihen.

AUF ZUM MAUNZENWEIHER Die Tour startet in Richtung Osten, wo nach etwa einem Kilometer der Waldspielpark Scheerwald mit der Wasserspielanlage auftaucht. Er bleibt links von uns, bis nach einer knappen halben Runde um den Platz rechter Hand der Wolfskautweg abzweigt. Erstaunlicherweise tragen die Waldwege im Frankfurter

↓ Vogelschauspiel am Jacobiweiher
↘ Unwirklich und faszinierend: die Skyline hinter den Baumkronen

Der Monsterspecht – nach einer Idee von Friedrich Karl Waechter

Grüngürtel Namen. Weiter geht es über den Wolfsweg zum Etappenziel, dem idyllischen Maunzenweiher. Wären die Wege nicht so gerade und eben, würde man denken, man wäre tief im Wald, fern jeder Zivilisation. Das flache Gewässer mit den zwei kleinen, aber trotzdem baumbewachsenen Inselchen entstand – nicht ohne menschliche Hilfe – an einer alten Lehmgrube. Eine Bank im Schatten einer ausladenden Weide lädt direkt am Ufer zu einer ersten Rast. Das Maunzen der Wildkatzen, die dem Teich seinen Namen gaben, ist allerdings schon längst verklungen.

MONSTERSPECHT Weiter geht es rechts in den Wendelsweg. Wir staunen weiterhin über den mächtigen Baumbestand des Stadtwaldes. Nur, wenn ein Jet über unsere Köpfe fliegt, erinnern wir uns, wo wir sind. Die Kesselbruchschneise führt an der ersten Kreuzung links zur Babenhäuser Landstraße. Nun gut, eine Stadt wie Frankfurt benötigt natürlich breite Zufahrtswege. Die Überführung bringt uns sicher auf die andere Seite. Dort geht es rechts weiter Richtung Grastränke. Nach dem Ende der Viehhaltung versorgten sich hier die Gastwirte und Brauer Frankfurts mit Eis. Nach der Erfindung des Kühlschranks kümmerte sich niemand mehr um den Teich. Er wuchs mit Schilf zu und drohte zu verlanden. Auch heute noch muss die Vogelschutzanlage regelmäßig entschlammt werden. Einmal links in die Scheerwaldschneise, dann einmal rechts in den Mittelweg, schon hackt der Monsterspecht seinen überdimensionalen Schnabel in eine Baumrinde. Der zwei Meter große Vogel ist eines von 15 Exponaten der Dauerausstellung »Komische Kunst im Grüngürtel«. Er wurde nach Entwürfen des bekannten Cartoonisten Friedrich Karl Waechter gefertigt. Weiter geht es in Richtung Westen in die Oberschweinstiegschneise. Eine überdachte Holzbrücke führt sicher über die Darmstädter Landstraße zum Jacobiweiher.

JACOBIWEIHER Der größte Teich im Frankfurter Stadtwald wurde ebenfalls in den 1930er-Jahren angestaut. Seine Form erinnert leicht an den Vierwaldstätter See in der Schweiz. Der friedvolle, von mächtigen Buchen umgebene Weiher beherbergt zahlreiche Fische und Wasservögel. Wer eine der zahlreichen Sitzgelegenheiten am Ufer nutzt, kann Reiher, Kormorane, Enten und Spechte beobachten. Abends fegen die Fledermäuse auf der Jagd nach Insekten pfeilschnell über die Wasseroberfläche. Über den Rundweg geht es um den Weiher herum. Dabei entdecken wir weitere Exponate der komischen Kunst. Zum Schmunzeln: Der »Pinkelbaum« hat genug davon, dass er seit 300 Jahren angepinkelt wird. Kommt man ihm zu nahe, pinkelt er zurück. Der Baum mit dem fröhlichen Wasserstrahl sowie die »Eule im Norwegerpullover« sind weitere Schöpfungen Waechters. Wir finden beide am Ufer des Gewässers. Die Brücke darüber kürzt die Strecke ab und gibt gleichzeitig ein romantisches Fotomotiv ab. Zurück geht es Richtung Norden über den Samstagsweg, bis Sachsenhausens Südrand erreicht ist. Zwischen dem Waldrand und den Sonnenblumen der Kleingärten zeigt die Silhouette des Goetheturms die Position des Biergartens darunter an.

INFO

TOURENCHARAKTER
Leichte Rundwanderung auf unbefestigten, schattigen Waldwegen

AUSGANGS-/ENDPUNKT
Parkplatz am Goetheturm, Am Sandberg 86, 60599 Frankfurt am Main (GPS: 50.08974905801143, 8.709542674577305)

ANFAHRT
Mit dem Auto: Frankfurt Süd über den Wendelsweg zum Parkplatz am Goetheturm; mit dem ÖPNV: BHF Frankfurt Süd, Buslinie 48 im 30-Minuten-Takt

TOURISTENINFORMATION
frankfurt-tourismus.de

EINKEHR
Oberschweinstiege am Jacobiweiher, Tel. 069/69 769 3710, oberschweinstiege-frankfurt.de; Schmidt-Peccolo am Goetheturm, Goetheruh, Tel. 069/68 68 30, www.goetheruh.de

SEHENSWÜRDIGKEITEN
Informationszentrum StadtWaldHaus & Fasanerie, stadtwaldhaus-frankfurt.de

Leicht | 3:00 Std. | 11,6 km | 70 Hm

Wer will bei solch' tollen Radwegen rasten?

MIT DEM RAD

»Bei keiner anderen Erfindung ist das Nützliche mit dem Angenehmen so innig verbunden wie beim Fahrrad.«

(Adam Opel)

Wunderbares Sonnenblumenfeld in den Rheinauen

14

Von Worms zur Rheinstrand-Fähre

Rhein-Radtour für Sommertage

Start und Ziel der entspannten Radwanderung entlang des Rheinufers ist die Bootsrampe im Norden von Worms. Direkt am Fluss geht es hoch ins Rheinknie zur Anlegestelle der Fähre. Unterwegs locken kleine Buchten mit muschelbepackten Stränden zum Rasten und Ausruhen. Zurück geht es zwischen Feldern und Auenwäldern über den Rheindamm bei Ibersheim.

WARUM GERADE HIER? Klar, es gibt unzählige Startpunkte für diese Radtour – und bestimmt auch bessere. Aber wer kann schon widerstehen, wenn Vater Rhein so imposant hinter der Beifahrerscheibe auftaucht und sich die Sonnenstrahlen auf den Wellen spiegeln? Dann heißt es den nächstbesten Parkplatz nehmen, rauf aufs Rad und einfach los! Hinter der Rheinperle ist der große Strom auch schon ganz nah und nach wenigen Metern hat sich der Autoverkehr verabschiedet. Wen das große Industriegebäude links hinter den Hecken stört: Das ist eine Mälzerei. Deren Produkte werden wir heute noch brauchen, um unseren Durst zu löschen. Für den Radler alkoholfrei – versteht sich doch von selbst. Aber wer schaut schon nach links, wenn sich auf der anderen Seite das maritime Panorama des großen Flusses auftut?

RHEINDÜRKHEIM Nach knapp zwei Kilometern kerzengerader, asphaltierter Fahrbahn kreuzt vor dem Rathaus kurz der Autoverkehr. Wenn man Pech hat und sich der lange Bus des Nahverkehrs gerade um die viel zu enge Ecke am Rheinufer zwängt, heißt es, am besten kurz warten: Das Verkehrschaos löst sich schnell wieder auf. Die Zeit vertreiben die umstehenden Sehenswürdigkeiten: Das barocke Rathaus von Rheindürkheim wurde im Jahre 1737 ungewöhnlich nah am breiten Fluss gebaut. Davor steht die Säule mit den Namen der Kriegsopfer. Der Bug eines alten Schiffes, der »Rheintreue«, zeigt Richtung Nordheim am gegenüberliegenden Ufer. Eine Erinnerung an die Rheinfähre. Sie verband in den Jahren von 1894 bis 1939 die Orte auf beiden Seiten des Rheins. Auf der Nordheimer Seite erinnert noch der alte Fährturm an die Verbindung der beiden Orte. Heutzutage gibt es keine direkte Verbindung mehr. Wer auf die andere Seite möchte, benutzt die Rheinbrücke bei Worms südlich oder die Rheinfähre flussabwärts.

AB IN DIE WILDNIS Nur 200 Meter hinter dem Rathaus schiebt sich der Spielplatz »Klotzanlage Rheinuferstraße« zwischen Straße und Rhein. Natürlich nehmen wir den kleinen Weg hinunter zum Fluss, um ihn zwischen Parkanlagen und Auenwäldern bald wiederzutreffen. Fünfzehn kleine sandige Badebuchten laden zum Sonnenbaden, Sandburgen bauen und Füße kühlen ein. Auch wenn es manche immer noch machen: Vom Schwimmen im Rhein ist wegen der starken Strömung abzuraten. Diese wird auch erfahrenen Schwimmern immer wieder zum Verhängnis. Je weiter sich der Weg von Rheindürkheim entfernt, desto wilder wird es. Statt eines befestigten Weges gibt es nur noch eine Traktorenspur mit dem obligatorischen Grünstreifen in der Mitte. Dies ist definitiv keine Straße für Rennräder. Wir halten, um das breite Sonnenblumenfeld zu bewundern.

RHEINUFER GEGENÜBER BIBLIS Nach einiger Zeit tauchen auf der gegenüberliegenden Flussseite die Kühltürme des Atom-

Muscheln wie am Meeresstrand liegen am Rheinufer.

kraftwerks Biblis auf. Keine Angst, es ist seit mehr als zehn Jahren abgeschaltet und wird zurückgebaut. Das Kraftwerk aus den 1970er-Jahren wurde anfänglich kaum kritisiert. Erst ab den 1980er-Jahren geriet es immer häufiger in die Schlagzeilen. Die Furcht vor einem Atomunfall mit verheerenden Folgen wurde immer größer. Für unsere Radtour ans wilde Rheinufer vielleicht sogar ein Glücksfall, denn trotz der traumhaften Lage am Fluss interessierten sich weder Investoren noch Spekulanten für die Grundstücke in Sichtweite der Kühltürme. So wurde die Natur weitgehend unbehelligt von menschlichen Eingriffen erhalten. Mächtige alte Bäume, vielleicht 40 Meter hoch, spenden kühlen Schatten. Auf den Wiesenblumen darunter flattern die Schmetterlinge hin und her. Die Bienen summen eifrig dazwischen und sammeln süßen Nektar. Auch wildes Gestrüpp mit leckeren Beeren säumt manches Mal den Weg. Das Blätterwerk sorgt für wohltuenden Schatten. Und auch für nasse Füße. Nach Regentagen ist es hier schon mal richtig matschig.

Tipp

SCHWIERIGE PASSAGEN

Die Feldwege entlang des Rheins sind nicht mehr als eine breite Fahrspur mit einem Grünstreifen in der Mitte. Tiefe Schlaglöcher, mehrere Meter lange Matschpassagen und Spurrillen gehören zur Tagesordnung. Für die kleinen Geschicklichkeitsprüfungen muss man kein Akrobat sein, sondern kann sie auch mit ganz normalem Können bewältigen. Breite Reifen wie bei einem Mountainbike sind sicher hilfreich und ein paar Matschspritzer haben noch keinem geschadet. Wer sich nicht unter Zeitdruck setzt, sondern mit Ruhe und Übersicht zu Werke geht, wird sicher seinen Spaß an der Tour haben und nach Gelingen stolz auf seine eigene Geschicklichkeit sein.

Der Feldweg führt direkt am Rhein entlang.

MEDITERRANES STRANDFEELING Weiter flussabwärts weicht der Weg ein paar Meter vom Ufer zurück. Dichtes Blätterwerk gibt nur manchmal den Blick auf die tanzenden Wellen frei. Kleine Pfade führen nach vorne ans Wasser. Dort finden sich Sand, Schlick, alte Bäume und Berge voller glänzend weißer Muschelschalen. Man könnte glatt vergessen, dass man sich hier an der Landesgrenze von Rheinland-Pfalz zu Hessen befindet. Es ist eine andere Welt. Und jeder Strandabschnitt hat sein eigenes Flair, verändert sich mit den verschiedenen Flussabschnitten. Einfach vorbeifahren nach dem Motto »Hast du einen gesehen, hast du alle gesehen« ist nicht. Wir machen ständig kleine Pausen. Vielleicht sollte man das Ganze Rad-Schlendern nennen?

WIESEN UND FELDER Der entfernteste Punkt der Radwanderung befindet sich an der Gernsheimer Fähre. Nach einem kühlen Radler im einladenden Biergarten am Rheinstrand geht es zunächst über die Landstraße L440 zurück. Sie führt nur zur Fähre, daher ist kaum Verkehr. Wir folgen den Wegweisern nach Hamm. Im Ortskern sagen wir dem rechts der Friedensstraße folgenden Straßenverkehr Adieu und bleiben auf dem Landdamm. Er bringt uns vorbei an Ibersheim zurück nach Rheindürkheim.

INFO

Mittel | **3:30 Std.** | **30,6 km** | **60 Hm**

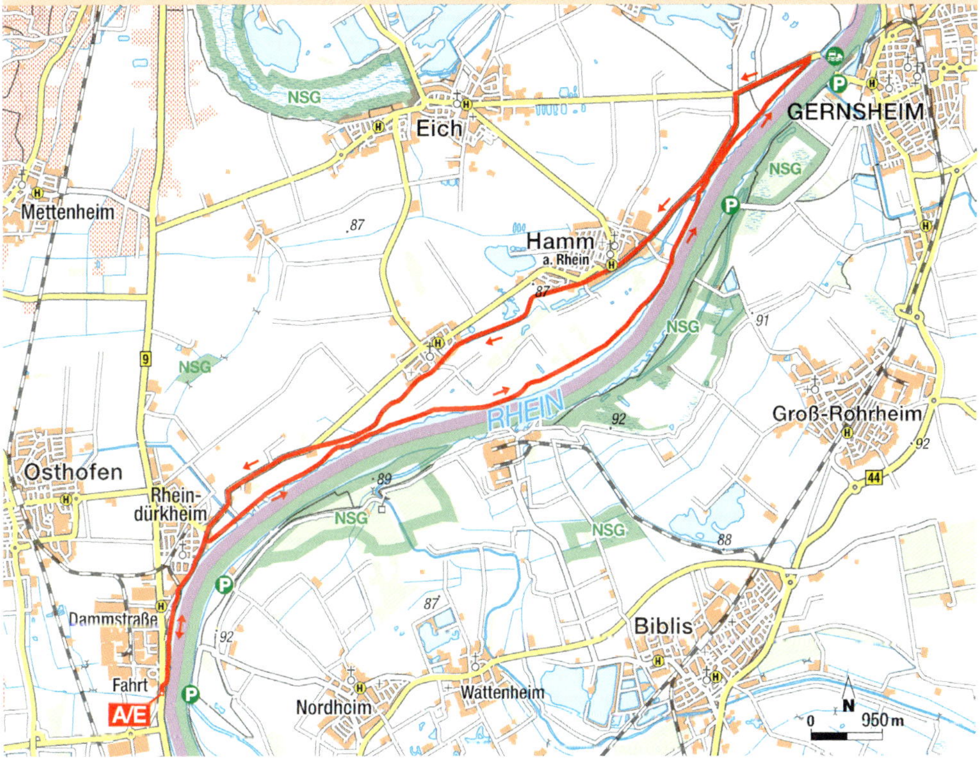

TOURENCHARAKTER

Mittelschwere Fahrradrunde auf größtenteils unbefestigten Wald- und Feldwegen; kann am Rhein entlang schlammig werden

AUSGANGS-/ENDPUNKT

Parkplatz am Restaurant Rheinperle an der B9 zwischen Worms und Rheindürkheim (GPS: 49.68300387224851, 8.352616848039956)

ANFAHRT

Mit dem Auto über A60 und B9

TOURISTENINFORMATION

www.worms-erleben.de

EINKEHR

Gaststätte Ziel an der Rheinstrand-Fähre mit schönem Biergarten, Tel. 06246/4711; Restaurant Rheinperle, Tel. 06242/8249822, www.rheinperle-restaurant.de

SEHENSWÜRDIGKEITEN

Ibersheimer Nachen, kleines und kostenloses Freilichtmuseum neben dem Radweg

Unglaubliche Natur am Stadtrand

Von Nied nach Bad Vilbel

Der Halbtagesausflug startet unweit der Niddamündung im Stadtteil Nied. Direkt am Flußlauf geht es durch die abwechslungsreiche Landschaft am Flußufer, mal entlang von Kleingärten, durch gepflegte Parks, über Wiesen und Felder und die herrliche Natur des Frankfurter Grüngürtels. Zurück geht es einfach und bequem mit der Bahn.

15

Zu schön, um weiterzufahren.

DIE GRÜNE SCHNEISE FRANKFURTS Der Stadtteil Nied, dessen Gründung den Römern zugeschrieben wird, ist eines der ältesten Stadtgebiete. Das Straßenbild wird von vorstädtischen Mehrfamilienhäusern dominiert. Breite Zufahrtsstraßen verbinden die Wohnbezirke mit der Frankfurter Innenstadt und teilen die Wohnblöcke durch ihren Verkehrsfluss. Ebenso und doch ganz anders macht das die Nidda: Vom Vogelsberg im Norden über Bad Vilbel kommend, schiebt sie einen wunderbaren Grünstreifen quer durch das westliche Frankfurt. Inseln mit hohen Gräsern, Wasservögel, ruhige Altarme oder auch mal wilde Wellen. Der Fluss bildet eine grüne, oasenartige Schneise – mitten im geschäftigen Frankfurt.

AM HÖCHSTER WEHR Ein paar Stufen führen vom Spielplatz Oeserstraße in der Nähe der Niddaschule hinunter zum asphaltierten Uferweg. Dort unterfahren wir direkt eine Brücke, die an dieser Stelle kurz erwähnt werden muss, weil man dem Viadukt das betagte Alter nicht ansehen kann. Es handelt sich um die zweitälteste noch in Betrieb befindliche Bahnbrücke Deutschlands mit dem Baujahr 1839. Ihre Bögen bilden quasi das Tor zur Natur des Flusslaufes, die Häuser weichen weit zurück und die Nidda rauscht wild um eine Flussinsel herum. Dicke Steine und ein flaches Hindernis, das sich wie ein schräger Strich quer durch den Fluss zieht, bringen das feuchte Element zum Brausen und Schäumen.
Ein schlanker Graureiher steht still hinter den Ufergräsern und hält nach Beute Ausschau. Seine Chancen stehen tatsächlich gut: Das Höchster Wehr ist in den letzten Jahren wieder so angelegt worden, dass die Fische das Hindernis überwinden und die Nidda hinauf schwimmen können. Wenn sie im flachen Wasser nicht vorher der hungrige Reiher holt!

BRENTANOPARK Am idyllischen Flusslauf entlang wechselt der Niddaradweg mehrfach die Flussseite. Und oft befindet sich links und rechts des Weges Wasser. Zwar wurde der Flusslauf begradigt, doch hat man viele Teile der alten Nidda erhalten. Altarme mit lauschigen Biotopen liegen verdeckt hinter gepflegten Hecken. Die Stadt mit ihrem Auto- und Schienenverkehr scheint weit weg. Selbst bei der Unterfahrung des Frankfurter Westkreuzes ist das motorisierte Treiben darüber nur zu erahnen. Erst bei Rödelheim rückt die Bebauung wieder ganz nah an die Nidda heran und zwingt dem Radweg einen Umweg auf. Geschickt führt er durch den Brentanopark. Georg Brentano, ein Bruder des bekannten Dichters Clemens Brentano, war ein erfolgreicher Kaufmann in Frankfurt. Hier am damaligen Stadtrand kaufte und tauschte er ein Gelände von 13 Hektar Fläche zusammen und errichtete einen Landschaftspark mit seltenen Bäumen,

Tipp

FLATRATE MIT DER RHEIN-MAIN-CARD

Der Frankfurter Nahverkehr funktioniert vorbildlich. Fast überall ist eine U-Bahn, S-Bahn oder der Bus in greifbarer Nähe. Dazu ermuntern die kurzen Taktzeiten zum eifrigen Benutzen der öffentlichen Verkehrsmittel. Im Gegensatz zu so manchen ländlichen Gebieten ist auch die Fahrradmitnahme so gut wie immer kostenlos möglich. Da macht es richtig Laune, ohne lange Vorplanungen auch mal mit Bus und Bahn zu fahren. Wer dann noch eine Rhein-Main-Card sein Eigen nennt, braucht sich für die Dauer seines Aufenthaltes nicht mit den Tarifen und deren Zonen auseinanderzusetzen.

Am Höchster Wehr kommen wir uns vor wie mitten in der Natur.

einem Labyrinth, griechischem Badetempel und was damals sonst noch so schick und teuer war. Hochrangige Gäste aus Politik und der Geschäftswelt waren hier zu Gast. Ebenso die angesagtesten Maler und Dichter seiner Zeit. Ein heute etwa 260 Jahre alter Ginkgobaum soll zu den Lieblingsorten Goethes gehört haben. Doch konnten seine Erben das Gelände nicht halten: 1926 erwarb es die Stadt Frankfurt und seither ist der Park für jedermann zugänglich. Etwa vier Hektar sind bis heute erhalten.

AUF NACH BONAMES Parkähnlich geht es weiter die Nidda hinauf. Bei Praunheim und Heddernheim haben die Kleingärtner Äpfel zum Mitnehmen an den Zäunen aufgehängt. Ist ja auch schade, wenn das Obst verkommt. Gegenüber grüßt hinter den Grünflächen und hohen Bäumen der Frankfurter Fernsehturm. An der Urselbachmündung wechselt der Radweg auf die linke Niddaseite.

Noch am Eschersheimer Freibad vorbei und dann geht es frei über Wiesen und Felder den Fluss entlang. Zwei Kanus kommen uns entgegen. Die Kanutinnen grüßen freundlich, schwärmen, wie toll die Bootsfahrt ist und empfehlen den örtlichen Kanuverleiher. Auf ein paar Baumstämmen am Wegesrand legen wir eine kleine Rast mit Blick aufs Wasser ein. Nach weiteren zwei Kilometern ebener, asphaltierter Wegstecke taucht der alte Flughafen Bonames auf. Wieder überqueren wir die Nidda.

WILDER FLUGHAFEN Beim Alten Flugplatz handelt es sich um einen ehemaligen US-amerikanischen Militärflugplatz. Damals trug er noch den Namen Maurice Rose Army Airfeld. Von Anfang der 1950er-Jahre bis in die 1990er-Jahre waren hier die Hubschrauber untergebracht. Nach dem Ende des Flugbetriebs hat man einen großen Teil des Geländes zurückgebaut, Teile des Asphalts entfernt und jede Menge Natur hereingelassen. Während die Reste der 750 Meter langen Landebahn als Ballspielplatz oder Fahrradlernstraße genutzt werden, gedeihen auf den Wiesen rundherum die Wildblumen. Zwischendrin stehen Stühle und Sonnenliegen, Verpflegung gibt es im Tower-Café. Am Ende der Rollbahn sammelt sich Regenwasser in einem abflusslosen Teich. Bei starkem Regen läuft er über und überschwemmt die Wiesen zur Nidda hin. Ein Lebensraum für Insekten und Amphibien. Der Steg über die feuchte Wiese schützt das Schuhwerk und wichtiger noch, das Leben im Biotop.

ERLENBACHMÜNDUNG Den Rest der Strecke nach Bad Vilbel legt die Nidda in mehreren Bögen und Schwüngen zurück. Genau wie der Radweg am Ufer. Doch nur bis zur Mündung des Erlenbachs. Der etwa 30 Kilometer lange Wasserlauf bereichert die Nidda mit frischem Taunuswasser bester

Güte. Lange Jahre musste er durch einen künstlichen Wasserlauf, bis der Mündungsbereich 1995 wieder in sein eigentliches, natürliches Bachbett zurückverlegt wurde. Um dieses herum hat sich ein kleines Wäldchen gebildet und damit wiederum ein kleines Biotop. Der Niddaradweg verläuft in etwa 150 Metern Entfernung um die Mündung herum. Nach zwei weiteren Kilometern ist das historische Zentrum von Bad Vilbel mit seiner Burg erreicht. Dort warten Cafés und Sitzplätze. Mit der S-Bahn geht es zurück.

INFO

Leicht | 3:30 Std. | 30 km | 90/80 Hm

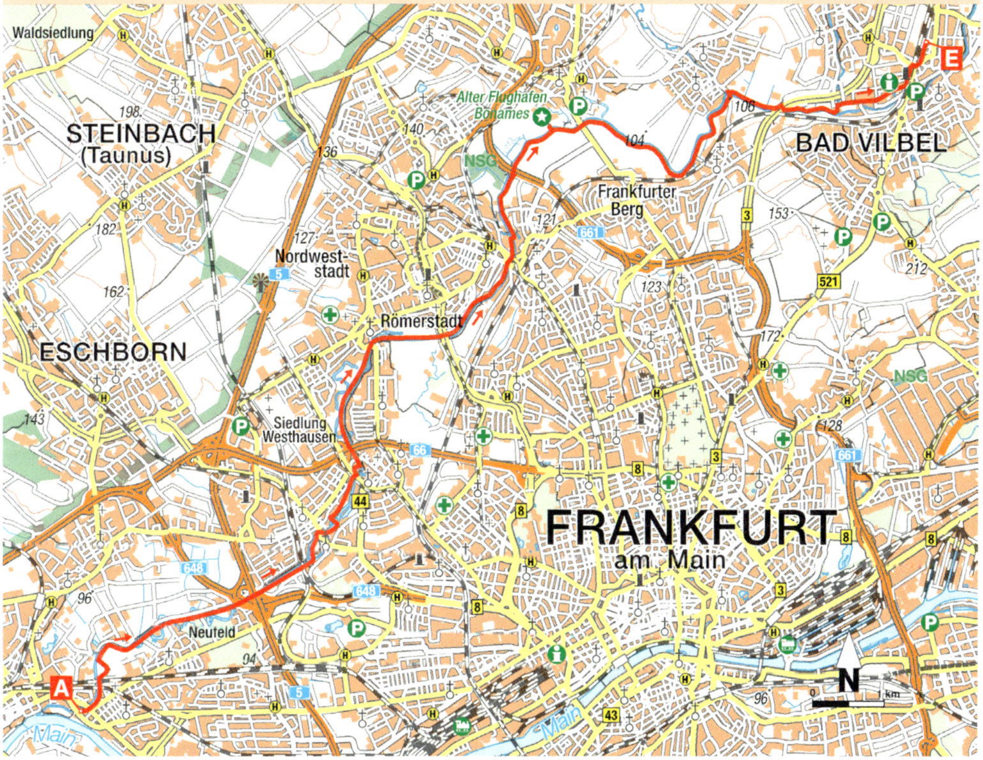

TOURENCHARAKTER

Leichte Fahrradrunde auf befestigten Wegen entlang der Nidda; kann am Wochenende eng werden

AUSGANGS-/ENDPUNKT

Parkplatz Oeserstraße neben Niddaschule, 65934 Frankfurt am Main (GPS: 50.100652032564014, 8.564309740994116)

ANFAHRT

Mit dem Auto: über Oeserstraße; mit dem ÖPNV: S1 oder S2 nach Nied

TOURISTENINFORMATION

www.frankfurt-tourismus.de

EINKEHR

Tower-Café am Flughafen Bonames; Restaurant Nidda ggü. Freibad Hausen, Tel. 069/27 29 59 36, www.restaurant-nidda.de

Verwunschener Angelweiher kurz vor Herrnhaag

16

Mit dem Rad durch das Büdinger Hügelland

Mittelalterliche Welten

Vom Bahnhof Mittel-Gründau fahren wir bergauf, bergab durch die Hügellandschaft südlich Büdingens. Kühe, Schafe und sogar ein kleines Schweinchen am Wegesrand schauen uns dabei interessiert zu. Nach dem Besuch der mittelalterlichen Altstadt Büdingens geht es über den Herrnhaag und die Ronneburg zurück zur Bahnstation.

GRÜNDAU NACH BÜDINGEN Kurz nach dem Start erreichen wir das Flüsschen Gründau. Heute kaum vorstellbar, wurde es im 18. Jahrhundert zum Flößen benutzt, um Holz vom Büdinger Wald ins rund zehn Kilometer entfernte Langenselbold zu transportieren. Mittlerweile ist der Flusslauf wieder renaturiert, mit Buschwerk versehen und plätschert gemütlich vor sich hin. Unser Feldwirtschaftsweg folgt mit einigem Abstand und kreuzt die Gleise der Bahnlinie an der alten Brücke. Direkt dahinter: Natur pur. Am Wegesrand hinter den Obstbäumen bringen die Bienen ihr kostbares Gut in die Körbe, während ein paar Kühe gemächlich kauend zu uns herüber gucken. Ein kurzer Blick auf die Teiche des Angelsportvereins. Wen die Vogelscheuche wohl bewachen soll? Danach geht es bald links auf den Radweg entlang der Bundesstraße 457. Auf der drei Kilometer stetigen Steigung bis hinter Vonhausen genießen wir die Sicht über die Felder, kommen aber auch gut ins Schnaufen. Eine elektrische Unterstützung würde uns jetzt gerade recht kommen. In Höhe des Fallbachs geht es rechts über die Felder nach Büdingen. Die Stadt ist bekannt für ihre bestens erhaltene mittelalterliche Altstadt. Natürlich legen wir nach der Anstrengung einen kleinen Erholungs- und Besichtigungsstopp ein.

Tipp

SCHWERE TOUR LEICHT GEMACHT

Die wunderschöne Landschaft des Büdinger Waldes und der Ronneburger Hügel stellt den Radfahrer vor die eine oder andere Herausforderung. Die kann man sich natürlich mit einem modernen E-Bike sparen und die Steigungen mit Mühelosigkeit nehmen. Andererseits könnte es passieren, dass man mit der elektrischen Antriebsunterstützung das eine oder andere Detail dieser landschaftlich und geschichtlich spannenden Tour übersieht. Normale Fahrräder, kleine Gänge im langsamen Tempo und viele Ruhepausen steigern das Erlebnis und die Nähe zur Natur.

↓ Die Ronneburg beherrscht das Panorama im Fallbachtal. ↘ Schwein gehabt, dass wir diese Tour ausgewählt haben.

Auf Herrnhaag weht immer noch der Wind der Freiheit

HERRNHAAG Wir verlassen Büdingen über die Felder in Richtung Lorbach. Dort geht es durch die Dorfmitte bis zum Sportplatz. Dahinter liegen die Fischweiher: zwei kleine, traumhaft zugewachsene Biotope. Wir schwelgen im Anblick der Lichtspiegelungen im Wasser und schnaufen noch einmal durch, denn jetzt geht es hoch zum Herrnhaag. Dort bildete sich im 18. Jahrhundert die Herrnhuter Brüdergemeine. In der lutherisch-pietistischen Wohngemeinschaft waren die Standesunterschiede weitestgehend aufgehoben. Stattdessen lebten und arbeiteten die Menschen in Chor- oder Familienhäusern zusammen und fanden immer mehr Anhänger. Der Büdinger Graf fürchtete bald um seinen Einfluss und löste die Gemeinschaft im Jahre 1753 auf. Die inzwischen auf 1000 Mitglieder angewachsene Gemeinde verstreute sich daraufhin in alle Welt und gründete weltweit weitere Missionen nach dem Herrnhaager Vorbild. Die Gebäude des Herrnhaag wurden zwar weiter genutzt, jedoch wenig gepflegt. Um das Jahr 1800 war schon die Hälfte verfallen und verschwunden. Nachdem zwischen den Jahren 1932 und 1934 ein Lager des Freiwilligen Dienstes in den Gemäuern des Herrnhaag untergebracht worden war, fanden hier nach dem Krieg viele Flüchtlingsfamilien Unterschlupf. 1956, auf dem Höhepunkt des Verfalls, stürzte das Brunnenhaus ein. Heute ist beim Passieren der Lichtenburg und des Hofguts wieder der soziale und kulturelle Geist zu spüren. Kein Wunder, die Sanierung der Gebäude erfolgt seit 1960 durch den Verein der Freunde des Herrnhaag e. V. Dieser engagiert sich für kirchliche, soziale und kulturelle Nutzungen.

RONNEBURGBLICK An der evangelischen Kirche Herrnhaag vorbei, rollen wir jetzt ins Tal des Fallbachs: Der erholsame Teil der Tour. Vor Vonhausen folgen wir den Feldwegen Richtung Diebach am Haag. Vor dem Ort lassen wir die Umgehungsstraße rechts liegen, um dem Bach folgend auf den Feldwegen zu radeln. Ein Schwarm Krähen sitzt auf den hölzernen Pfosten eines Weidezauns. Ganz und gar unverständlich, warum sie sich gerade hier aufhalten, radeln wir näher. Als der Wachposten des Schwarms befindet, dass wir jetzt nah genug sind, gibt er das Signal zum Aufbruch. Ein flatterhaftes Schauspiel. Dann erblicken wir die weit sichtbare Ronneburg. Sie thront zwischen den Wiesen und Feldern der Hügel auf einem Basaltkegel. Ihr Anblick begleitet und begeistert uns die nächsten Kilometer und verleitet uns immer wieder zu einem zusätzlichen Fotostopp. Für das nächste Mal planen wir eine Besichtigung mit Besuch des Burgrestaurants ein.

FRANZOSENKOPF Wir rollen weiter talwärts den Fallbach entlang. Hinter Hüttengesäß ändert sich das: Über die Radfahrer- und Fußgängerbrücke überqueren wir die L3193, um die Richtung zu unserem Ausgangspunkt am Bahnhof in Mittel-Gründau einzuschlagen. Nach einem kurzen Schlenker zurück Richtung Ronneburg nehmen wir am Kreisel unsere letzte Steigung – den Franzosenkopf hinauf – in Angriff. Den komfortablen Radweg neben der Straße verlassen wir nach knapp 400 Metern links Richtung Norden. Auf den nächsten drei Kilometern zwischen den Feldern sind noch einmal 50 Höhenmeter zu überwinden. Doch schon nach wenigen Metern lädt die eiserne Tafel, ein Rastplatz am Höhenweg, zur Verschnaufpause ein. Die Bänke und Tische sind so ausgerichtet, dass man noch einmal den Blick zur Ronneburg genießen kann. Durch ein Wäldchen geht's dann über den Gipfel zurück nach Gründau.

INFO

TOURENCHARAKTER

Schwere Fahrradrunde auf befestigten Wegen durch das Büdinger Hügelland, sehr gute Kondition oder E-Bike ratsam

AUSGANGS-/ENDPUNKT

Bahnhof Mittel-Gründau, Weißwiesenstraße 3, 63584 Gründau (GPS: 50.23118652488774, 9.11947239486086)

ANFAHRT

Mit dem Auto: über A3 und B457; mit dem ÖPNV: RB nach Bahnhof Mittel-Gründau

TOURISTENINFORMATION

www.gruendau.info

EINKEHR

Breites Angebot in der Büdinger Altstadt

SEHENSWÜRDIGKEITEN

Schloss Büdingen

Schwer | 3:45 Std. | 32,5 km | 310 Hm

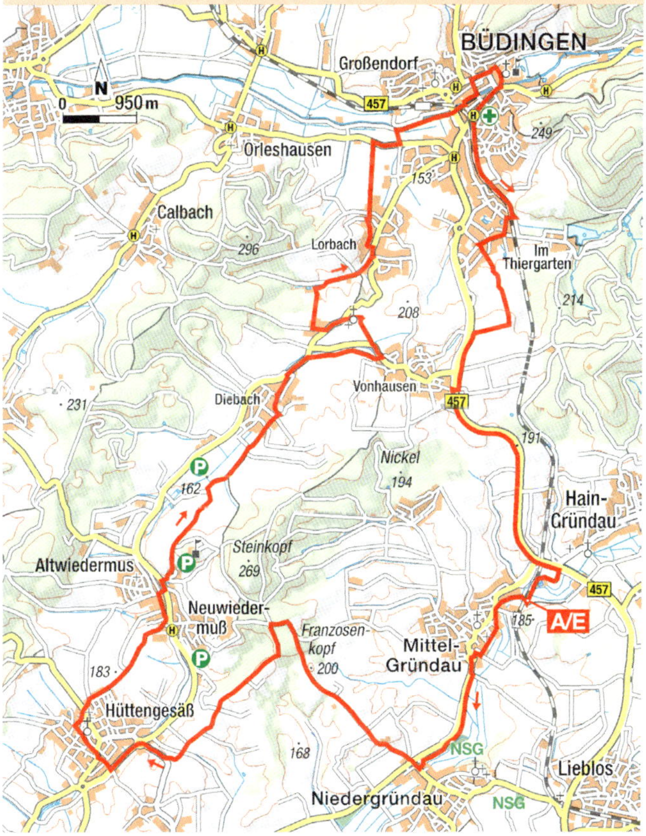

Über die Felder des Kinzigtals

Radrunde Langenselbold

Die Kinzigaue bezaubert durch ihren naturnahen Zustand: Mit schlangenähnlichen Windungen findet der Fluss seinen Weg zur Mündung in Hanau. Unterwegs eröffnen sich herrliche Ausblicke in den südlichen Spessart.

17

So geht Entspannung.

↑ Die Kinzig in ihrem natürlichen Bett ↓ Der kleine Bach zeigt sich verhältnismäßig groß. ↗ Unter dem Laub war es recht matschig.

AB AUFS LAND Die Hanauer Straße ist nur 200 Meter lang: Für Autos endet sie an der Landstraße 3269 von Neuenhasslau nach Altenhasslau, doch mit dem Bike fahren wir einfach geradeaus. Ein Feldweg führt an den Äckern vorbei Richtung Kinzig. Wir halten uns in Richtung Nordwesten. Rechts schmiegt sich der Gelnhausener Stadtteil Meerholz mit dem gleichnamigen Schloss an den Heiligenkopf. Der kleine Hügel dient als Orientierungspunkt. Wir lassen ihn rechts liegen und passieren bald die Bahnlinie. Vorbei an einem Bauernhof erreichen wir über Feldwirtschaftswege die Kinzigbrücke. Der Fluss ist gerade herbstlich umrahmt: ein wunderbarer Anblick.

AM KLEINEN BACH ZUR MÜHLE Danach biegen wir gleich links ab und folgen – auch nach dem Überqueren des Autobahnzubringers – den leicht zu fahrenden, geteerten Wegen entlang der Kinzig. Nach etwas mehr als einem Kilometer biegen wir rechts ab und überqueren die Autobahn an der Brücke. Hier fahren wir bald einen leichten Anstieg hoch zur Weißen Steinkaute. Der Aussichtspunkt mit Spessartblick lädt zu einer kurzen Trinkpause. Danach halten wir uns weiter nördlich, bis wir vor einem kleinen Bach mit dem Namen »Kleiner Bach« die Ronneburg in der Ferne erspähen. Wir folgen dem idyllischen Wasserlauf in Richtung Westen, wo wir nach einem Stück Waldweg die Bauernhöfe erreichen. Hier laden Bauernlädchen, Café und Reitanlage zum Verweilen ein.

So kurvt die Kinzig durch das Tal.

Wir aber halten uns südlich an den Mühlgraben, der bald die historische Obermühle Langenselbold erreicht. Auch hier ist mittlerweile Gastronomie eingezogen.

DIE KINZIGSCHLANGE Am Weinberg vorbei rollen wir zur Vogelsberger Straße. Ihre Verlängerung bringt uns zurück auf die Südseite der A66 mit ihren Feldern und Wiesen. Hier treffen wir auch die Kinzig wieder. Mit beeindruckenden, schlangenartigen Windungen liegt sie zwischen den Feldern in ihrem natürlichen Bett. Um sie zu überqueren, nutzen wir für eine kurze Strecke von etwa 300 Metern den Radweg an der Kinzigstraße. Dann halten wir uns wieder links, um schließlich über die Felder zurückzukommen.

INFO

Mittel | 1:50 Std. | 21 km | 130 Hm

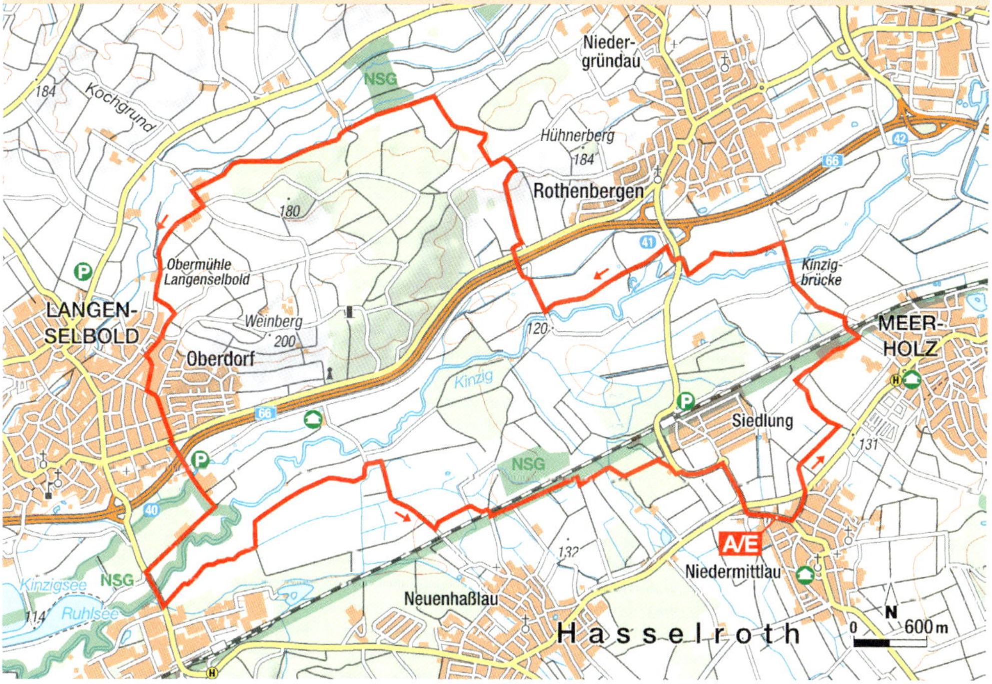

TOURENCHARAKTER

Mittelschwere Fahrradrunde auf größtenteils befestigten Feldwegen. Kurze Schlammpassage nach Regentagen am »Kleinen Bach«

AUSGANGS-/ENDPUNKT

Hanauer Landstraße, 63594 Hasselroth (GPS: 50.17144552398896, 9.123020341835645)

ANFAHRT

Mit dem Auto: A6 und K903 nach Niedermittlau; mit dem ÖPNV: RB51 bis Wächtersbach, 1,6 Kilometer mit dem Rad

TOURISTENINFORMATION

www.hasselroth.de

EINKEHR

Waldhof Café & Restaurant, Tel. 06184/9566160, www.waldhof-langenselbold.de

Entspannt auf dem Mainuferweg

18

Entspannte Radrunde bei Aschaffenburg

Schlösser und Parks am Mainufer

Die ebenerdige Fahrradtour führt am Main entlang von Sulzbach nach Aschaffenburg. Von der Ebertbrücke aus ist Schloss Johannisburg in seiner ganzen Pracht zu bewundern. Danach nehmen wir Kurs in Richtung Nilkheimer Park. Das Woodstock des Mains findet hier jährlich in einem Landschaftsgarten aus dem 18. Jahrhundert statt. Vorbei an lauschigen Stränden und hochgewachsenen Maisfeldern erreichen wir das Wasserkraftwerk Obernau.

ANLEGER DER MAINFÄHRE Vom öffentlichen Parkplatz zwischen Friedhof- und Niedernberger Straße führt ein kleiner Weg unter der Bahnlinie in die Mainanlagen. Rechts herum erreichen wir nach wenigen Hundert Metern den alten Anleger der Fähre Niedernberg. Sie verband Jahrhunderte lang Spessart und Odenwald auf der linken Mainseite. Während schon Planungen für einen Brückenbau im Gange waren, erlitt sie 1994 einen Motorschaden, der nicht mehr repariert wurde, vielleicht aber den Brückenbau beschleunigte. Vorne auf dem Anleger lässt sich der Main beobachten, als ob man im Wasser stünde. Den kleinen Kahn im Ufergebüsch kann man ebenfalls erst von dort vorne entdecken. Weiter auf dem Radweg taucht bald der Spielplatz Obernau auf. Spielgeräte für größere und kleinere Kinder locken zum sicheren Spielstopp: Ein Zaun macht es den Kleinen schwer, in Richtung Fluss zu entwischen. Den müssen auch wir jetzt verlassen und die Hauptstraße zum 1992 errichteten *Gaasebrunne* (Geißenbrunnen) nehmen. Der stellt das alte Dorfmotto dar: »In Obernau, da ist der Himmel blau, da tanzt der Ziegenbock mit seiner Frau«.

ASCHAFFENBURG Ein kurzes Stück die Hauptstraße entlang überquert der Radweg am Bildhäuschen Straße und Gleise. Abseits vom Verkehr folgen dort drei kleinere Highlights direkt hintereinander: Die Obernauer Quelle, der alte Weinberg und ein kleiner Rastplatz. Wir würdigen sie im Vorbeiradeln, ohne abzusteigen. Dann trennen sich die parallel verlaufenden Wege von Auto, Bahn und Rad. Der Main ist von seinem Bogen um die Felder zurück und flankiert fortan wieder den Radweg. Aschaffenburg taucht auf. Der Main durchläuft die bayerische Stadt in einer Schleife, die von oben gesehen dem Zuckerhut in Rio de Janeiro ähnelt. Oben auf dem Gipfel würde dann sozusagen Schloss Johannisburg thronen. Aber auch ohne Berg beherrscht der wuchtige Bau das Mainpanorama. Umgeben vom Schlossgarten und mit bestem Zugang zur Aschaffenburger Altstadt ruht das Schloss auf einer mächtigen Mauer.

POMPEJANUM UND EBERT Weiter den Fluss entlang steigen wir kurz ab und schieben: Ein mächtiger Felsen verengt den Weg so unübersichtlich, dass Radfahren hier nicht nur nicht ratsam, sondern sogar verboten ist. Direkt hinter dem Felsbrocken können wir wieder aufsteigen und erreichen das Pompejanum. Der Nachbau einer römischen Villa schmiegt sich hinter Rebenstöcken an den Hang. Noch im mediterranen Lebensgefühl schwelgend, erreichen wir am Rand einer Kleingartenanlage die breite Ebertbrücke. Nach dem obligatorischen Fotostopp über dem Main überqueren wir Aschaffenburgs Freizeitgelände. Hier gegenüber von Schloss und Altstadt liegen ganz prominent

Einmal jährlich weht ein Hauch von Woodstock durch den Nilkheimer Park.

Das Boot ist vom Mainufer aus kaum zu sehen.

Sportplätze, Freibad und der jetzt leere Festplatz. Das ändert sich zu Kirmeszeiten.

NILKHEIMER PARK Vorbei am Wohnmobilstellplatz finden sich bald kleine Buchten und Strände am Wasser. Sicher werden einige davon gelegentlich als Hunde- oder Angelstrand genutzt. Lauschige Eckchen mit viel Schilf und Ufergestrüpp schützen vor neugierigen Blicken. Kurz dahinter kündigt die Nilkheimer Brücke den Park an. Die Eisenbahnbrücke aus dem Jahr 1900 blieb im Krieg unzerstört und ist daher original 100 Jahre alt. Damals diente das Bauwerk nicht nur dem Verkehr: Während oben die Züge Waren über den Main transportierten, traf sich unten an den Brückenpfeilern die Jugend zum Schwimmen und gemeinsamen Beisammensein. Später wanderte sie ein Stück weiter in den Nilkheimer Park, dessen alte Bilder aus den 1970er-Jahren an Woodstock erinnern: Der verwilderte Landschaftsgarten vom Ende des 18. Jahrhunderts war damals gerade wieder hergerichtet worden. Ein idealer Veranstaltungsort für das Non-Profit Musikfestival »Kommz«. Seit 1975 findet es jährlich statt. Ein tieferer Blick in den Park lohnt, denn auf nordwestlicher Seite schließt sich unmittelbar der

Tipp

DIE BESTE JAHRESZEIT

Natürlich ist jede Jahreszeit die Beste. Für unsere Maintour bevorzugen wir trotzdem den Herbst: Wenn es schon ein wenig kühler ist und die Leute nach einem heißen Sommer die Wärme der Heizung suchen, hat man hier unglaublich viel Platz und den Main geradezu für sich. Dann taucht der Morgennebel die Ferne in ein mystisches Hellgrau; die gelb und rot gefärbten Blätter malen bunte Tupfer in die Landschaft. Schnell vergisst man, dass es schon ein wenig kühl ist. Und hat man dann erst mal einen Kilometer in die Pedale getreten, wird es wohlig warm unter der Funktionsjacke. Warme Handschuhe am besten nicht vergessen!

Park Schönbusch, einer der größten und bekanntesten englischen Landschaftsgärten Deutschlands, an.

MAINAUEN UND -FELDER Bald schiebt sich ein Streifen Grünfläche und Buschwerk zwischen Weg und Main. Das Wasserwerk in Form eines riesigen blauen Kastens fällt grell ins Auge. Eine Schautafel informiert über die Trinkwasseraufbereitung. Daneben lockt ein Trinkwasserbrunnen mit dem erfrischenden Nass. Kurz später geht es links zurück in die Felder. Auf beiden Seiten stehende, hoch gewachsene Maispflanzen erinnern an eine Ehrengarde. Ein frisch geteerter Feldweg führt zwischendurch. Kurz darauf erreichen wir das Wasserkraftwerk Obernau. Um die Gitterbrücke in luftiger Höhe zu überqueren, müssen wir absteigen und unser Gefährt die Treppe hinauftragen oder die Radlaufschienen nutzen. Auf der Sulzbacher Seite kehren wir zum Parkplatz zurück.

INFO

TOURENCHARAKTER

Leichte Fahrradrunde auf befestigten Wegen entlang des Mains; am Wasserkraftwerk Obernau kurze Tragepassage, bei der Schwindelfreiheit erforderlich ist, alternativ über blaue Brücke vor Großwallstadt (7 km weiter)

AUSGANGS-/ENDPUNKT

Parkplatz, Friedhofstraße 11, 63834 Sulzbach am Main (GPS: 49.911248069970796, 9.148745595154203)

ANFAHRT

Mit dem Auto: über A3 und B8; mit dem ÖPNV: TB88 nach Sulzbach/Main

TOURISTENINFORMATION

www.frankentourismus.de/orte/sulzbach_amain-678

EINKEHR

Mainbiergarten Aschaffenburg, Tel. 06078/39 32 10, www.mainbiergarten.de

SEHENSWÜRDIGKEITEN

Park & Schloss Schönbusch

Hier wird es eng: kurze Schiebepassage

Leicht | 1:40 Std. | 22 km | 90 Hm

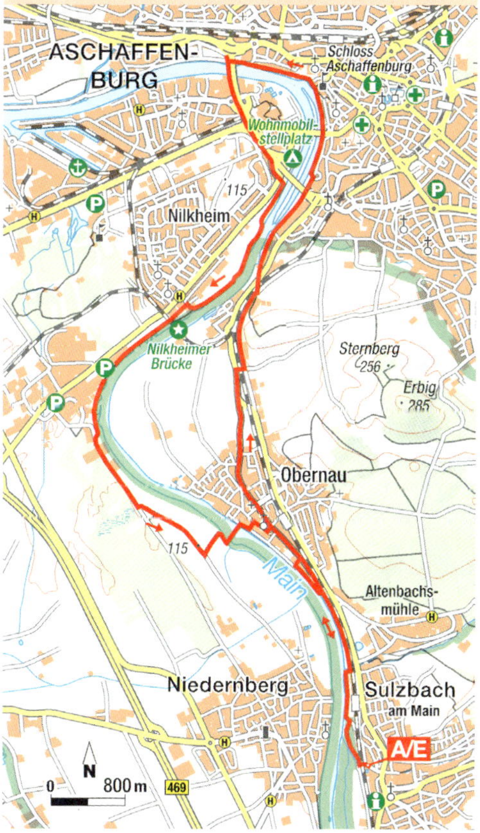

Von Michelstadt zur Hohen Straße

Über die Höhen des Odenwalds

Strategisch praktisch liegt der Bahnhof von Michelstadt etwas außerhalb. Um zur Hohen Straße zu kommen, mühen wir uns erst einmal den Berg hinauf zum Michelstädter Flughafen. Nach einer Rast erreichen wir ohne nennenswerte Steigungen die Hohe Straße. Sie führt uns über die Bergrücken des Odenwalds zum Marbach-Stausee. Entlang der Mümling kehren wir entspannt zum Startpunkt zurück.

19

Der Marbach-Stausee liegt mitten zwischen Bergen und Wäldern.

↑ Welche Gemarkung verlassen wir wohl an dieser Stelle? ↗ Schutzhütte am Waldhorn

AUF SAND GEBAUT Vom Bahnhof aus überqueren wir die Mümling, halten uns danach links und durchqueren das Wohngebiet. Noch ein wenig steif von der Anfahrt wollen die Muskeln noch nicht so richtig. Da ist die erste Hinweistafel am Wäldchen der Adalbertshöhe sehr willkommen. Graf Adalbert zu Erbach-Fürstenau verpachtete das Land um die ehemalige Sandgrube, weshalb das Gelände seinen Namen trägt. Ein Rastplatz mit einem wuchtigen Tisch aus Buntsandstein erinnert weiter an die Zeit, als der Sand den Einwohnern zu Wohlstand verhalf. Früher wurde das rieselnde Material weit öfter gebraucht als heute: Für die Formen der Eisengießer, als Scheuermittel im Haushalt oder als Baumaterial. Vorbei am Wasserbassin erreichen wir die erste Anhöhe mit einem weiten Blick über Michelstadt und Umland. Wir genießen den Ausblick und sammeln kurz Kräfte für den weiteren Anstieg zum Flugplatz.

VOM FLUGPLATZ ZUR HOHEN STRASSE
Bei einem Besuch beim Roten Baron, dem Biergarten neben der Landebahn, schöpfen wir Kraft für die restliche Tour, die von hier aus entspannt fortgeführt werden kann: Der Flughafen liegt schon fast auf dem Bergrücken, auf der anderen Seite der Zufahrtsstraße der Friedwald, weshalb bis hierhin immer noch ein wenig Betrieb ist. Der legt sich, nachdem wir dahinter in den Parkweg einbiegen. Wir durchqueren ein dichtes Waldgebiet mit wunderschönem altem Baumbestand und hohem Nadelholzanteil, der uns an den Schwarzwald erinnert. Nach etwas mehr als zwei Kilometern sanft ansteigendem Waldweg erreichen wir den Wanderparkplatz Mossauer Höhe. Von hier aus führt die bestens geteerte Hohe Straße in Richtung Südwesten über den geschwungenen Höhenzug. Der Hochnebel taucht die grünen Wiesen des Odenwalds an diesem Herbsttag in ein mystisches Licht. Nach knapp vier Kilometern überqueren wir bei der Tränkfeldeiche die querende Landstraße.

Biergarten mit bayerischem Flair am Flughafen

VON DER TRÄNKFELDEICHE ZUM MARBACH-STAUSEE Mit dem Erreichen der Tränkfeldeiche endet der geteerte Weg. Weiter geht es über festen Kies. Doch zuvor begutachten wir das Naturdenkmal: Die knorrige Eiche hat ihre Blätter schon weitestgehend abgeworfen, was ihr ein bizarres Erscheinungsbild gibt und so richtig lebendig sieht der 430 Jahre alte, aber nur 21 Meter hohe Baum nicht mehr aus. Wahrscheinlich ändert sich das, wenn im Sommer wieder die Blätter sprießen. Wir folgen der Hohen Straße weitere fünf Kilometer über den Bergrücken und passieren – ohne es zu bemerken – den höchsten Punkt der Tour: Der bewaldete Gipfel des Geisbergs misst 441 Meter. Da wir uns die ganze Zeit auf fast derselben Höhe bewegen, fällt das gar nicht auf. Aber klar: Die Windräder am Wegesrand stehen an der höchsten Stelle. Das Erreichen des freien Feldes zeigt an, dass es jetzt abwärts zum Stausee geht. Mit geschlossenen Bremsen rollen wir den Berg zum hundert Meter tiefer liegenden Marbach-Stausee hinunter.

VOM MARBACH ZUR MÜMLING Der Marbach-Stausee wurde Anfang der 1980er-Jahre gebaut, um die tiefer liegenden Gemeinden vor Hochwassern zu schützen, die der Marbach bis dahin immer wieder verursacht hatte. Als Nebeneffekt hat sich hier ein beliebtes Freizeitgebiet entwickelt: Im Sommer kann man zum Beispiel Baden, Boot fahren oder Angeln. Imposant ist der überdimensionale Überlauf kurz vor der 150 Meter langen Staumauer. Diese überqueren wir, um den Waldweg auf der rechten Talseite zu erreichen. Dort halten wir uns rechts und erreichen nach 150 Metern die Straße zum ebenfalls imposanten Himbächel-Viadukt. Die beeindruckende Steinbogenbrücke gilt als »Historisches Wahrzeichen der Ingenieurbaukunst in Deutschland«. Bemerkenswert ist ihre Symbolik für den deutschen Widerstand: Sie überstand den zweiten Welt-

Tipp

HISTORISCHES AM WEGESRAND

Mit Michelstadt und Erbach liegen gleich zwei Städtchen mit einer wunderbaren historischen Altstadt am Wegesrand dieser Radrunde. Michelstadt begeistert mit seinen vom Fachwerk dominierten verwinkelten Gässchen. Das Highlight bildet dort das historische Rathaus aus dem Jahre 1484. Die alte Residenzstadt Erbach ist da weitaus vornehmer: Das Stadtbild wird vom gräflichen Schloss mit seinen Museen und Parks dominiert. Ein breites Markt- und Kulturprogramm bieten beide Städte, daher lohnt es sich immer, einen Blick in die jeweiligen Veranstaltungskalender zu werfen.

krieg unbeschadet, weil Dorfbewohner die von der Wehrmacht angebrachten Sprengladungen wieder entfernt haben. Wir passieren die Brücke, ohne sie zu unterqueren und biegen kurz darauf in das Mümlingtal ein. Von der Marbachmündung direkt am Taleingang bekommen wir recht wenig mit: Sie befindet sich auf der anderen Talseite.

DIE MÜMLING HINUNTER Für den Rest der Strecke benutzen wir den Mümlingtal-Radweg. Der ist in voller Länge knapp 50 Kilometer lang und verbindet den Main mit der Mümling-Quelle im Odenwald. Den Schildern folgend passieren wir lauschige Fleckchen am noch kleinen Fluss, müssen uns aber auch ein paar Mal das Tal mit der Bundesstraße teilen. Wir umfahren die Städte Erbach und Michelstadt ohne den städtischen Verkehr direkt am Flusslauf und folgen diesem zurück bis an unseren Ausgangspunkt.

INFO

TOURENCHARAKTER

Mittelschwere Fahrradrunde auf größtenteils befestigten Wald- und Fahrradwegen, führt über einen anstrengenden Anstieg am Anfang und gegen Ende teilweise entlang der Bundesstraße

AUSGANGS-/ENDPUNKT

Parkplatz Bahnhof Michelstadt, Hulster Str. 2B, 64720 Michelstadt (GPS: 49.68456195246689, 9.000862319455399)

ANFAHRT

Mit dem Auto: über A3 und B8; mit dem ÖPNV: TB88 nach Sulzbach/Main

TOURISTENINFORMATION

www.michelstadt.de/tourismus-kultur

EINKEHR

Flugplatzgaststätte Roter Baron, Tel. 06061/967695, www.flugplatz-michelstadt.de/gastronomie

SEHENSWÜRDIGKEITEN

Schloss Fürstenau

Mittel | 3:20 Std. | 27 km | 370 Hm

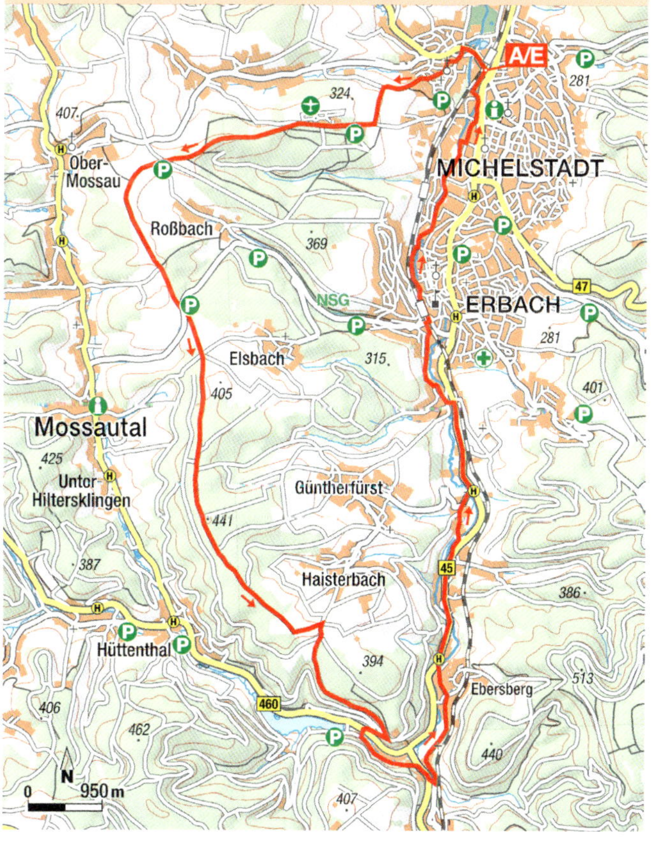

Kutter auf dem Altrhein

20

Wie in Friesland auf dem Deich

Radrunde im Ried

Ob als erlebnisreiche Tagestour oder als Nachmittagsausflug: Das platte Land mit den tief hängenden Wolkenbergen könnte einen glatt glauben machen, man wäre in Friesland. Kein Wunder, geht es auch noch über den Deich in die Naturschutzgebiete des Altrheins. Dort erwarten uns weite Seenlandschaften mit Wasservögeln und malerischen Booten.

DAS UNBEKANNTE RIED Etwa 30 Kilometer liegen zwischen den Autobahnen A63 und A67. Und weil so viele Autos Richtung Süden in und aus dem Rhein-Main-Gebiet heraus fahren, verläuft fast parallel noch die A5. Tausende von Fahrzeugen passieren das Gebiet täglich, ohne zu ahnen, welch´ kleiner Naturschatz sich dort zwischen den Verkehrsadern verbirgt. Ein etwas mehr als 30 Kilometer breiter Streifen flankiert den Rhein auf beiden Seiten. Ein plattes, weites Land, das an Friesland erinnert, hat der große Fluss hier über die Jahrtausende zwischen die Mittelgebirge des Alzeyer Hügellandes im Westen und den Odenwald im Osten hinein gefräst. Eine so außergewöhnliche Landschaft, dass man sie gesehen haben muss, um es zu glauben. Und hier im Ried darf Vater Rhein noch fast so sein, wie er früher wohl von den Alpen bis zur Nordsee war: Ein Paradies für Wildvögel, Tier und Mensch.

ÜBER DEN SÜDSEE AUF DEN DEICH Auf 360 Kilometern Länge durchziehen Gräben das Ried, um es vor Hochwasser zu schützen und das Regenwasser in den Rhein abzuleiten. Beim Dohlgraben handelt es sich um eine dieser Ablaufrinnen. Sie verläuft parallel zu unserem Feldweg in Richtung Südsee. Schon nach einem Kilometer ebener Strecke zwischen Feldern und Wiesen erreichen wir ihn. Dabei handelt es sich um die Südhälfte des zweigeteilten Riedsees. Diese Hälfte des ehemaligen Baggerlochs liegt innerhalb eines Vogelschutzgebietes. Folglich ist er der Natur vorbehalten: Bis auf ein paar wenige Stellen ist das Ufer mit Sträuchern und Schilf bewachsen. Dort nisten Enten, Gänse und andere Vogelarten. Nach einem kurzen Blick auf die Wasseroberfläche springen wir wieder auf die Räder in Richtung Westen. Dort tauchen in der Ferne bald die Satellitenschüsseln der Außenstelle der Bundesnetzagentur auf. Die seltsamen weißen Schüsseln auf ihren Metallgestellen wirkten selten deplatzierter als hier. Direkt dahinter verläuft quer der Rheindeich.

ÜBER DEN DEICH ZU DEN STROMTALWIESEN Wir biegen links in Richtung Süden ab. Oben auf dem Deich verläuft ein typischer Singletrail. Gerade mal Platz für

↓ Wie in Friesland führt der Weg über einen Deich. ↘ Das Federvieh gehört zum Hofgut Guntershausen.

Die Entwässerungsgräben im Ried schützen vor Hochwasser.

ein Fahrrad geht es links und rechts abwärts. Auf der linken Seite ziehen sich die Felder unglaublich flach, nur von kleineren Kanälen unterbrochen, bis zum Horizont. In der Ferne sind ein paar Bäume und ein Jägerstuhl zu sehen und die Häuser und der Kirchturm von Leeheim. Darüber ein blau-trüber Himmel und keine Erhebung weit und breit. Ein Anblick, den man eher in Norddeutschland erwarten würde. Fehlt nur noch, dass der Deich auf der rechten Seite über den Strand zum Meer führt. Tut er natürlich nicht. Nach einem Kilometer verlassen wir den Deich auf dieser Seite zu den Stromtalwiesen. Bedingt durch die unterschiedlichen Wasserstände des Rheins zeichnen sie sich durch extreme Unterschiede im Wasserhaushalt aus: Mal überschwemmt wie eine Sumpflandschaft, mal ausgetrocknet, finden sich hier seltene und bedrohte Pflanzenarten wie die Bastard-Schwertlilie oder der Lungen-Enzian.

AM ALTRHEIN Immer dem Hauptweg durch die Wiesen folgend erreichen wir die Försterei. Hier können wir es nicht lassen, dem Rhein einen Besuch abzustatten. Wir biegen rechts zum Fluss ab und erreichen ihn nach ein paar Minuten: Eine breite Fluss-, ja fast Seenlandschaft tut sich vor uns auf. Gegenüber in der Ferne sehen wir auf den flachen Sandbänken und Inseln ein paar Wasservögel, die sich dort um einen großen Baum tummeln. Ein verankertes Schiff wiegt sich ein paar Meter entfernt im Wasser. Bedingt durch die Abläufe der Überschwemmungsgebiete, der Flusskrümmung und flachen Sandbänke erscheint der Stockstadt-Erfelder Altrhein weit größer als er tatsächlich ist. Hier könnte man Stunden verbringen.

AUF DEM KÜHKOPF Als wir uns endlich losreißen können, schlagen wir den Weg Richtung Erfelden ein. Wieder am Forstamt vorbei, geht es dieses Mal in entgegenge-

Tipp

KÜHKOPF-KNOBLOCHSAUE ERLEBEN

Für alle, die mehr über Hessens größtes Naturschutzgebiet wissen möchten, ist das Hofgut Guntershausen die erste Anlaufstelle. Im denkmalgeschützten Ensemble, dessen Anfänge auf das 18. Jahrhundert zurückgehen, wurde ein Erlebniszentrum eingerichtet. Neben kulturellen Angeboten befindet sich dort das Umweltbildungszentrum, das die Natur nicht nur erklärt und Führungen veranstaltet: Es ist auch für die Tierhaltung auf dem Hofgut verantwortlich und führt naturnahe Veranstaltungen durch.

setzter Richtung über Wiesen und Felder in Richtung Dorf. Dort treffen wir den Deich wieder: Er führt uns entlang der Rheinallee zur Kühkopf-Brücke. Wir überqueren den Altarm und befinden uns quasi auf einer riesigen Insel zwischen Rhein und Altrhein. Der Kühkopf war früher Jagdgebiet des Adels, heute ist das Europa-Reservat Kühkopf-Knoblochsaue Hessens größtes Naturschutzgebiet und für jeden zugänglich. Das funktioniert aber nicht immer: Um die Städte und Dörfer zu schützen, wird das Gebiet bei Hochwasser überschwemmt. Die Kopfweiden, die links und rechts des Weges gedeihen, wachsen dann auf dem Grund des Rheins. Das Gebiet des Kühkopfs ist groß genug, allein hier einen Tagesausflug zu planen. Wir fahren einmal außen herum – nicht ohne uns vom Aussichtsturm Krönkeswörth die Stelle am Altrhein nochmal aus einer anderen Perspektive anzuschauen – und verlassen den Kühkopf wieder über die Brücke nach Erfelden.

WASSERSTEINE Richtung Norden nehmen wir dieses Mal den kürzeren Weg nach Leeheim. Unterwegs genießen wir noch einmal die weite Sicht und legen einen Trinkstopp an den Wassersteinen, einem beliebten Fahrrad-Pausenpunkt, ein. Die riesigen Brocken zeigen deutlich Zeichen von Wassererosion. Eine Schautafel erklärt anschaulich die Bewandtnis und Fundorte der Steine. In der Ferne arbeiten noch die Bauersleute auf dem Feld, malerisch anzusehen im Gegenlicht der schon tief stehenden Sonne.

INFO

TOURENCHARAKTER
Leichte Fahrradrunde auf größtenteils befestigten, ebenen Wald- und Fahrradwegen

AUSGANGS-/ENDPUNKT
Schusterwörthstraße 27 am Ortsende, 64560 Riedstadt (GPS: 49.85324305512964, 8.432503389256084)

ANFAHRT
Mit dem Auto über A67 und B 44

TOURISTENINFORMATION
www.riedstadt.de/tourismus.html

EINKEHR
Altrheinschänke in Erfelden, Tel. 06158/2223, altrheinschaenke.business.site

Leicht	3:00 Std.	27,3 km	70 Hm

Radtour auf dem rheinhessischen Meeresboden

Rund um das Siefersheimer Horn

Am Märchenweg entlang radeln wir durch die Rheinhessische Schweiz mit ihren sanften Hügeln. Am Wegesrand liegen malerische Weindörfer. Bei Eckelsheim und Siefersheim besuchen wir den Strand, um dann über den sagenumwobenen Ajaxturm zurückzukehren.

Pause mit Fernsicht: auf dem Siefersheimer Horn

↑ Das gibt wohl einen besonderen Jahrgang. ↗ Die Wildblumen locken Bienen an und helfen bei der Arbeit.

MÄRCHENHAFTER START Der kleine Parkplatz befindet sich in der Nähe der historischen »Katzensteiger Mühle« . Entlang des Appelbachs starten wir über den Märchenpfad in Richtung Wöllstein. In kurzen Abständen passieren wir Märchenfiguren wie den Kleinen Muck oder Mogli. Nach einem kurzen Abschnitt entlang der ruhigen Landstraße unterfahren wir die historische Eisenbahnbrücke. Sie wurde schon 1960 stillgelegt. Vor 30 Millionen Jahren hätten wir sie vielleicht gebraucht, um vom Festland auf die vorgelagerte Insel des Ölbergs zu kommen. Ja richtig: Vor langer Zeit verlief hier die Küstenlinie. Wir werden sie auf dieser Tour noch öfter finden. Beim Ölberg handelte es sich um eine Insel aus vulkanischem Rhyolith-Gestein, das in früheren Zeiten noch abgebaut wurde.

DURCH DIE WEINDÖRFER An den ersten Winzern und dem Sportzentrum vorbei geht es in Wöllstein durch die Kirchstraße.

Tipp

TRAUBEN UND WEIN

Die Radtour über die Weinberge und durch die Weindörfer bietet mehrfach Gelegenheit, den Rheinhessischen zu probieren: Winzer am Wegesrand, die Weingenossenschaft und Weinstände laden zum Verkosten des Rebensaftes ein. Sogar einen Weinautomaten zur Selbstbedienung haben wir gefunden. So gemütlich und verlockend es sein mag, den Wein direkt zwischen den Reben zu genießen, sollte man sich doch die Einheimischen zum Vorbild nehmen: Bei der Weinprobe wird der Wein nur geschmeckt, nicht aber geschluckt – Letzteres passiert erst zu Hause, wenn man nicht mehr fahren muss, erst recht, wenn man mit dem Fahrrad unterwegs ist. Für den Durst während der körperlichen Ertüchtigung darf es höchstens eine stark verdünnte Schorle sein.

Der sagenumwobene Ajaxturm

Fotostopp an der Basilika St. Remigius: Die asymmetrische Kirche aus Bruchstein vom Anfang des 20. Jahrhunderts sieht älter aus als sie ist, ein typisches Beispiel für den Späthistorismus. In der Ortsmitte dann präsentiert sich der 4500 Einwohner starke Ort erstaunlich geschäftig: eine Apotheke, zwei Banken, ein Blumengeschäft und ein Barbershop sowie mehrere Restaurants mit unterschiedlichen Länderküchen, die auf Gäste warten. Kleines Detail am Rande: Die erste Folge der Spielshow »Das ProSieben-Auswärtsspiel« mit prominenten Gästen wurde 2016 live in Wöllstein ausgetragen. Davon ist allerdings nichts mehr zu spüren. Abgesehen von der Präsenz der Geschäfte geht es ruhig und gemütlich zu, wie es sich für einen Weinort gehört. Halbrechts in östlicher Richtung verlassen wir die Gemeinde – an den Winzern der Rheinhessischen Schweiz vorbei – in Richtung Gumbsheim. Am Ortsende biegen wir links von der Straße Richtung Grillhütte ab, umfahren Gumbsheim am Dunzelbach entlang und erreichen schließlich den »Stein ohne Namen«. Der Gumbsheimer Menhir wurde mehrfach versetzt, was er nicht unbeschadet überstanden hat: Der untere Teil liegt direkt neben der aufgestellten Spitze. Nahezu ebenerdig lassen wir die Hügel links und rechts liegen und radeln weiter durch Eckelsheim. An der Kirchenruine »Beller Kirche« erreichen wir den »Strandpfad der Sinne«.

UNTERWASSER Vor 30 Millionen Jahren schlugen hier die Wellen gegen den Steiger Berg. Die Geländeform ist erhalten geblieben, das Meer aber weg. Zum Glück, denn damals lag der Eingang zum Strandpfad 30 Meter unter der Wasseroberfläche. Kaum begreifbar und darum hat man einen Erlebnisweg mit Pflanzen, Schautafeln, Sand und Barfußbereichen eingerichtet. Eine willkommene Abwechslung auf dieser Fahrradtour. Nur das Brandungskliff darf man aus Sicherheitsgründen nicht betreten.

ÜBER DIE HEIDE Wieder auf dem Drahtross, radeln wir über die Felder zu einem weiteren Weinort: Siefersheim. Wir fahren einmal quer durch den Ort, um über die Friedhofstraße zum Fuß des Siefersheimer Horn zu gelangen. Das wird jetzt ein wenig anstrengend, geht es doch über den Weinberg voller Reben und Panoramablicke (Wer sich das sparen will, umfährt den Hügel südlich, folgt der Beschilderung zum Ajaxturm). Schon wieder sind wir am Küstenweg. Die Kliffstufe steil hinauf geht es zwischen den Reben und dem bezaubernden Blick auf den Siefersheimer Kirchturm. Links abgebogen enden die Traubenstöcke und Fels und Brachland übernehmen. Der feine Sand auf dem Boden und das Heidekraut vermitteln tatsächlich ein Meer-Feeling. Wir legen uns flach auf die Erde und schauen in den Himmel. Über uns kreisen zwei Raubvögel. Fischadler hätten die Illusion perfekt gemacht, aber es sind natürlich Bussarde. Elegant lassen sich die Tiere von der Thermik tragen, suchen den Boden nach Beute ab, finden nichts und verschwinden aus dem Sichtfeld. Wir folgen weiter dem Küstenweg und statten dem Urzeit-Strand Siefersheim unseren Besuch ab. Danach lassen wir uns von der Beschilderung »Hiwweltour« Richtung Ajaxturm weiterleiten.

AJAXTURM Auf halber Höhe schmiegt sich der Weg an den Berg und folgt seinen Konturen. Die Reben sind wieder da: Dicke blaue Trauben verheißen ein gutes Tröpfchen. Unten im Tal auf den Wiesen neben der kurvigen Landstraße grasen zwei Pferde. Der Ajaxturm taucht links von uns auf: Wie ein zu kurz geratener Burgturm mit Zinnen steht er da am Wegesrand. Als Wächter der Liebe soll er Anfang des 19. Jahrhunderts von einem reichen Bauernsohn gebaut worden sein. Hier, an diesem Platz, soll er sich mit der schönen Tochter der »Katzensteiger Mühle« getroffen haben, seinen treuen Hund als leibhaftigen Anstandswauwau immer dabei. Eine Familienfehde war schuld, dass er die Müllerstochter nicht heiraten durfte. Familiendramen in Rheinhessen. Zurück zum kleinen Parkplatz geht es über Neu-Bamberg.

INFO

TOURENCHARAKTER
Mittelschwere Fahrradrunde auf teilweise befestigten Fahrrad- und Weinbergwegen, größtenteils sonnig

AUSGANGS-/ENDPUNKT
Waldparkplatz bei Katzensteigermühle 37, 55546 Neu-Bamberg (GPS: 49.80041638347553, 7.939430576114151)

ANFAHRT
Mit dem Auto über A61 und B420, vor Wöllstein Richtung Neu-Bamberg

TOURISTENINFORMATION
www.vg-badkreuznach.de

EINKEHR
Alte Ölmühle, Holger und Simone Schmitt, Tel. 06703/15 51

SEHENSWÜRDIGKEITEN
Burg Neu-Bamberg

Mittel | 2:20 Std. | 20 km | 230 Hm

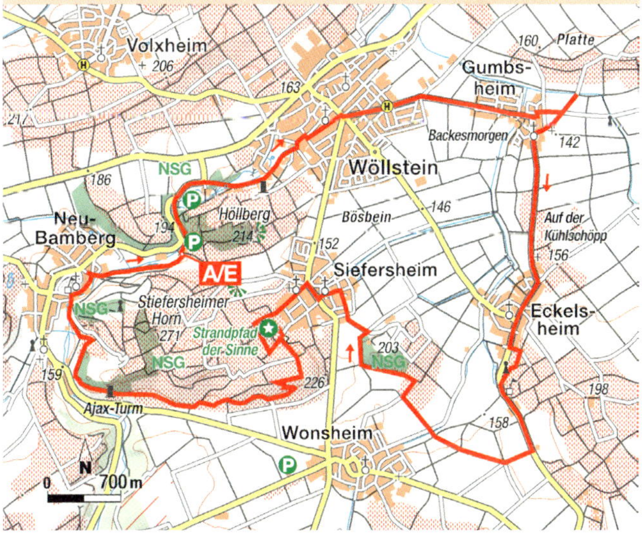

In der Margarethenschlucht
wird es noch echt wilder.

ENTSPANNT IM GRÜNEN

»Die größte Sehenswürdigkeit, die es gibt, ist die Welt. Sieh sie dir an.«

(Kurt Tucholsky)

Blick auf das Neckartal vom unteren Einstieg in die Schlucht

22

Die Margarethenschlucht

Wildnis total

Der alpine Klettersteig mit Absturzgefahr, überhängenden Felsen, wasserüberfluteten Abschnitten und unterspülten Halteseilen am südlichen Rand des Rhein-Main-Gebietes zum Neckar hin erfordert beim Begehen besondere Vorsicht. Dafür wird man von einer unerwarteten Wildheit mit üppiger Vegetation und seltenen Tierarten belohnt.

ENTER AT YOUR OWN RISK Betreten auf eigene Gefahr. Das unerwartete Warnschild am Eingang der Margarethenschlucht wird so manches Mal von den Besuchern belächelt. Ein alpiner Klettersteig am Rande des urban geprägten Rhein-Main-Gebietes? In einem Seitental des Neckar? Das kann ja nur ein schlechter Witz sein! Aber nein. Der Hinweis hat durchaus seine Berechtigung: Es wird steil und eng. Am Halteseil entlang geht es die Schlucht hinunter. Über und unter den Felsen klettert man ins Tal hinab. Die Jahreszeiten mit ihrem Wechsel aus Regen, Schnee, Eis, aber auch die Überfüllung an heißen Sommertagen verleihen dem Ganzen eine besondere Brisanz. Denn der Pfad ist eng, steil und rutschig. Die Besuchszeit der Klamm sollte daher nicht zu den Hauptzeiten an warmen Sonn- und Feiertagen erfolgen. Ein 2,6 Kilometer langer Rundweg führt vom Parkplatz an der L527 durch die Schlucht, am Steilhang über dem Neckar entlang und vorbei am Gleitschirmstartplatz wieder nach oben.

DIE KLAMM Die 500 Meter vom Startplatz bis zum Einstieg der Schlucht folgen wir dem Wirtschaftsweg des Bauernhofs. Am Einstieg mit den Warntafeln gibt es einen kleinen Rastplatz für alle, die den Weg von unten durch das enge Tal genommen haben. Erfrischungen bietet der Bauernhof an einem Automaten. Hungrige besuchen die Be-

Tipp

DER NECKARTALRADWEG

Warum den Besuch der Margarethenschlucht nicht mit einer ausgedehnten Radtour entlang des Neckars verbinden? Man muss dabei ja nicht die kompletten 410 Kilometer von Villingen-Schwenningen bis nach Mannheim fahren. Das Teilstück von Heidelberg bis Neckargerach misst nur 45 Kilometer. Eine gute Fahrraddistanz, auf der man natürlich auch gerne eine Übernachtung einplanen kann, bevor man den Rückweg antritt. Denn man sollte sich Zeit lassen auf dieser Tour: Neben den bezaubernden Panoramen des Flusslaufs trifft man unterwegs auf historische Altstadtkerne, mittelalterliche Burgen und pittoreskes Fachwerk. Der Radweg ist gut ausgebaut und leicht befahrbar.

↙ In Serpentinen nähern wir uns dem Klettersteig. ↓ Der Baby-Feuersalamander ist auf dem Pfad gestrandet.

↑ Steil und schroff geht es den Klettersteig hinunter. ↗ Das Halteseil hilft an vielen Stellen.

senwirtschaft. Nach dem Einstieg in den Pfad wird es schnell steil – schließlich muss der Flurbach auf seinem kurzen Weg zum 400 Meter Luftlinie entfernten Main noch 110 Meter den Berg hinunter stürzen. Den größten Teil davon erledigt er in acht Wasserfallstufen. Der enge Pfad klemmt sich daneben an die Felsen und überquert mehrfach den Bach vor den Wasserfällen. An einigen Stellen müssen wir am Halteseil entlang unter hängenden Felsen durchklettern. Zwischendurch halten wir immer wieder an, um das Naturwunder zu bestaunen oder es anderen Wanderern gleich zu tun: Sie haben nach alter buddhistischer Tradition kleine Steintürmchen gebaut. Nach starken Regenfällen, wenn das Wasser mit großer Wucht den Hang hinunter schießt und dabei noch loses Gehölz mit sich führt, werden sie mit ins Tal gerissen.

FARNE UND FEUERSALAMANDER In der schattigen und feuchten Umgebung gedeihen seltene Pflanzen und Tiere. Die Vegetation sprießt üppig und erinnert an den Urwald mit seinen verschiedenen nach Licht strebenden Gewächsen. In Bodennähe faszinieren die Farne mit ihren breiten Wedeln. Sie ergänzen sich mit dem Buntsandstein in der Schlucht. Beide gab es schon vor 400 Millionen Jahren. Nicht ganz so alt sind die Amphibien: Diese ersten Wirbeltiere stellten sich 100 Millionen Jahre später auf das Leben an Land ein. Einer ihrer bekanntesten Vertreter lebt noch heute in der Margarethenschlucht:

der Feuersalamander. Seine Larven werden im Frühjahr lebendig geboren und verbringen dann drei Monate lang im klaren, sauberen Wasser des Flurbachs. Sie benötigen die gute Wasserqualität zum Überleben. Wenn der Feuersalamander größer wird, erreicht er eine Länge von bis zu zwanzig Zentimetern. Bevorzugt ernährt er sich von Würmern und Schnecken. Mit ein wenig Glück kann man ein Exemplar dieser besonderen Spezies in der Klamm antreffen. Aber Vorsicht: Manchmal verirrt sich ein Babyfeuersalamander auf den Pfad. Schieben Sie ihn sanft mit einem kleinen Stöckchen beiseite, damit ihm nichts geschieht.

NECKARBLICK Verlässt man die Margarethenschlucht am unteren Ende, findet man sich auf einem Balkon über dem Neckar wieder: Vielleicht 40 Meter verläuft der Fluss in einer nicht ganz zugezogenen Schleife von der Staustufe Guttenbach im Süden bis unterhalb der Minneburg im Norden. Eingezwängt in das enge Tal verfügt er nicht gerade über eine große Breite. Trotzdem befahren ihn große Lastkähne flussauf- wie flussabwärts. Dass die langen Schiffe in den engen Kurven aneinander vorbei passen, ist kaum vorstellbar und gewiss nicht ohne großes Können der Steuerleute durchführbar. Sanft fallend klemmt sich der Weg Richtung Norden an die Felswand. Eine dicke Mauer zur Absturzsicherung gibt dem Ganzen das passend rustikale Flair. Das i-Tüpfelchen im Panorama bildet dazu noch die Ruine der Minneburg zwischen den Bäumen des gegenüberliegenden Bergrückens.

EIN LETZTER BLICK Kurz vor Neckargerach führt ein steiler Pfad den Berg wieder hinauf, um zurück zum Parkplatz zu kommen. Dieser verbreitert sich kurz davor zu einer weiten Grünfläche, dem Gleitschirmstartplatz »Schöne Aussicht«. Und die hat man tatsächlich von hier oben. Eine Grillhütte und mehrere Bänke laden zum Verweilen ein – vielleicht, um den Sonnenuntergang hinter den Hügeln zu beobachten?

INFO

TOURENCHARAKTER
Schwerer Klettersteig, teilweise überspülte Pfade und felsige Überhänge

AUSGANGS-/ENDPUNKT
Parkplatz neben der L527
Nähe Gleitschirmstartplatz Schöne Aussicht,
69437 Neckargerach
(GPS: 49.39205431994092, 9.085082227543271)

ANFAHRT
Mit dem Auto: über A67 und B37; mit dem ÖPNV: RB67 nach Heidelberg, S1 nach Neckargerach, 2 km zu Fuß bis zum Startpunkt

TOURISTENINFORMATION
www.tg-odenwald.de/margaretenschlucht

EINKEHR
Gasthof Grüner Baum, Tel. 06263/706,
www.gruenerbaum-neckargerach.de

Schwer | 1:30 Std. | 2,7 km | 110 Hm

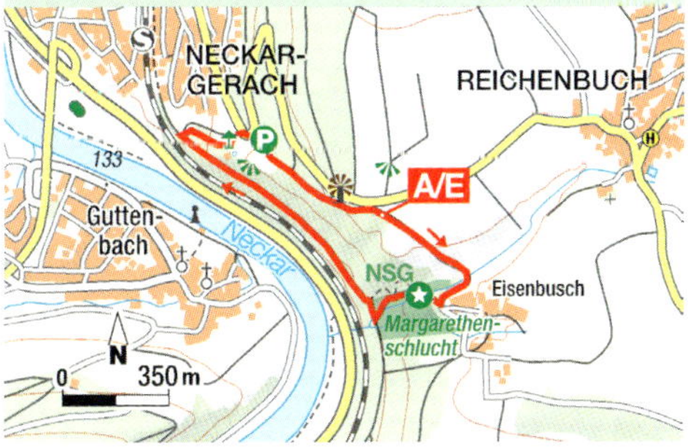

SEHENSWÜRDIGKEITEN
Minneburg

Im Land der Riesensteine

Felsenmeer Lautertal

Das Felsenmeer eignet sich für einen Familienausflug in der Nebensaison. Dann ist es ein Riesenspaß – zur Hauptsaison und an warmen Sonn- und Feiertagen sollte man es eher meiden. Beim Kletterspaß die Halde hinauf verläuft sich die Menschenmenge zwar recht gut, doch irgendwann wird es zu überlaufen.

23

Kleine Pause auf den sonnigen Felsbrocken

↑ Einen guten Kilometer zieht sich das Band aus Steinen den Berg hinauf. ↗ Der Ohlyturm soll bald wieder begehbar sein. ↓ Hier macht Klettern einfach Spaß.

IM TAL Das soll ein Meer sein? Das untere Ende der Steinhalde wirkt erst einmal enttäuschend. Gut: Natürlich sehen die übermannsgroßen Kieselsteine jeder für sich beeindruckend aus. Aber ein Meer? Mit den paar Steinen, die man unten sieht, könnte man nach fünfzehn Minuten fertig sein. Schnell muss der nächste Punkt für danach geplant werden. Aha: Da sind Wegweiser – vielleicht ist etwas Interessantes dabei? Bis zum Gipfel des Felsbergs mit dem Ohlyturm sind es 1,8 Kilometer. Dann werden wir wohl in einer Stunde weiter ziehen …

AB INS GERÖLL Dem ist natürlich nicht so. Recht schnell wird uns klar, dass die abgerundeten Granitblöcke ohne scharfe Kanten zwar leicht zu besteigen sind, es dafür aber konditionell in sich haben. Immer wieder muss man von einem Stein zum anderen hüpfen oder klettern, sich den besten Weg suchen und Umwege gehen. Und schließlich geht es ja auch noch bergauf. Nach der ersten Biegung stellen wir fest, dass sich die Halde noch viel weiter den Berg hinauf zieht – sie wird wohl doch nicht ohne Grund Meer genannt. Hinter der nächsten Biegung geht

Symbiose aus Stein und Baum

es auch wieder weiter. Kein Ende in Sicht. Wir müssen die Seite von rechts nach links wechseln. Weiter! Eine Holzbrücke führt quer über die steinerne Straße, da der Wanderweg nicht parallel verläuft, sondern sich in Serpentinen den Berg hinauf schlängelt. Selten haben wir länger für einen Kilometer gebraucht. Soviel gelacht und Spaß gehabt aber auch nicht oft auf tausend Metern. Endlich und doch früher als gedacht erreichen wir den Kiosk am oberen Ende der Geröllhalde. Etwas mehr als eine Stunde haben wir für den Aufstieg gebraucht. Da suchen wir erst einmal einen großen Stein und legen uns quer darauf in die Sonne.

WO KOMMEN DIE STEINE HER? Das ist schon komisch: Die Granitbrocken ziehen sich wie ein Strom von hier oben den Hang hinunter – rund einen Kilometer lang und zwischen 10 und 30 Meter breit. Die meisten Steine sehen rundlich aus, wie zu groß geratene Kiesel. Wenn man es nicht besser wüsste, könnte man denken, dass sie jemand mit einem Kipplaster oben am Gipfel abgeladen hätte. Wir sind nicht die Einzigen, die sich über die Entstehung des steinernen Meeres Gedanken gemacht haben: Der Volksmund berichtet von zwei Riesen mit den Namen Steinbeißer und Felshocker. Bei einem Streit bewarfen sie sich gegenseitig mit den Felsen. Da Steinbeißer mehr Wurfmaterial hatte, begrub er Felshocker unter den Granitblöcken, wo er immer noch liegt. Manchmal kann man sein Brüllen von unten hören. Die tatsächliche Entstehungsgeschichte ist laut den Geologen viel wundersamer und langwieriger. Von der Entstehung der Urkontinente vor 500 Millionen Jahren bis zur letzten Eiszeit vor 12 000 Jahren hat es gedauert, bis sich das steinerne Meer gebildet hat. Und nicht nur Zeit, auch die Naturgewalten haben mitgearbeitet, damit dieses Naturwunder entstehen konnte: Hitze, Eis, Unwetter mit Blitz, Wind und Hagel. Sogar Erdbeben haben mitgeholfen und Hand angelegt. Und dann hatten die Menschen nichts Besseres zu

Tipp

DIE KLEINEN FELSENMEERE

Das Felsenmeer von Lautertal ist nur die bekannteste von zahlreichen Blockhalden rund um den Felsberg. Falls man eines der kleinen Felsenmeere in der Nähe besuchen möchte – sei es zur Abwechslung oder weil in Lautertal gerade zu viel los ist – findet man sie im Fischbachtal, bei Gronau, Hemsbach, Sulzbach oder bei Heppenheim. Letzteres wird wohl nicht mehr lange zu sehen sein: Auf der Juhöhe an der Grenze zum Steinbruch Gehrenberg-Sonderbach gelegen, war das kleine Felsenmeer lange Jahre als Naturdenkmal geschützt. Um das Abbaugebiet des Bergwerks vergrößern zu können, hat der Landrat im Jahr 2019 den gesetzlichen Schutz aufgehoben …

tun, als alles wieder abzubauen. Hausbau, Kirchbau und die Kunst haben sich von alters her beim Felsenmeer bedient. Die Steine wurden bearbeitet, geschliffen und wieder weggeräumt. Aus der Römerzeit liegen noch etwa 300 missglückte Bearbeitungen im und neben dem Felsenmeer, erinnern an Särge, Schiffe oder wurden als Riesensäule ausgeformt. Damit nicht genug: Auch in den folgenden Jahrhunderten wurde kräftig Hand angelegt. Steine des Felsenmeeres findet man zum Beispiel am Trierer Dom, am Heidelberger Schloss oder am Oppenheimer Kriegerdenkmal. Wie gut, dass wir heute alles an Ort und Stelle lassen, nur noch darauf herumklettern und selbstverständlich auch unseren Müll peinlichst genau wieder mitnehmen.

AUF ZUM OHLYTURM Nach der Ruhe- und Sinnierpause gehen wir das letzte Stück bis zum Gipfel an. 700 Meter Waldweg und dann oben an der Siedlung links am Ende des Parkplatzes. Der Ohlyturm aus dem 19. Jahrhundert ähnelt vom Aussehen her einer Burg: Dicke Zinnen krönen den 27 Meter hohen Aussichtspunkt aus dunklem Granit. Doch leider ist er gerade wegen Baufälligkeit geschlossen. Planungen zur Sanierung laufen. Wir hoffen auf unseren nächsten Besuch. Der Rückweg teilt uns in zwei Gruppen: Die einen, müde vom Aufstieg, nehmen lieber den Waldweg hinunter. Hier zwischen den herrlichen Bäumen haben sich mehrere Findlinge verirrt. Riesensteine, die vergessen und märchenhaft anzuschauen zwischen den Bäumen herumliegen. Die andere Gruppe will es sich nicht nehmen lassen, den Berg auf die gleiche Art hinunterzusteigen, wie sie gekommen ist. Wie bei einer Achterbahn, die man unbedingt ein zweites Mal fahren muss: Einfach ein Riesenspaß.

INFO

TOURENCHARAKTER

Mittelschwerer Kletterspaß für die ganze Familie über die Riesensteine; als Alternative gibt es auch einen Wanderweg.

AUSGANGS-/ENDPUNKT

Parkplatz, Seifenwiesenweg, 64686 Lautertal (Odenwald) (GPS: 49.72069466844426, 8.694191674179676)

ANFAHRT

Mit dem Auto über A5 und B47, in Ortsmitte Lautertal Richtung Beedenkirchen halten

TOURISTENINFORMATION

www.felsenmeer-zentrum.de

EINKEHR

Am Gipfel: Ada's Buka, Tel. 06254/13 49, adas-buka.de; im Tal: Koboldklause, Tel. 06254/94 01 61, koboldklause.de

SEHENSWÜRDIGKEITEN

Schloss Alsbach, schloss-alsbach.org

Mittel | 1:30 Std. | 3 km | 290 Hm

Auf Burg Frankenstein im Odenwald

24

Über den Frankenstein-Komplex

Die physikalische Anomalie

Die Felskette auf der Kammlinie des Ilbes-Bergs ist schon seit den 1930er-Jahren als Naturdenkmal ausgewiesen. Zum Besuch im märchenhaften Waldgebiet sollte man vielleicht einen Kompass mitnehmen.

DER ILBES-BERG Südlich von Darmstadt erhebt sich eine Hügelkette, die unter Geologen als Frankenstein-Komplex bekannt ist, mit einer gleichnamigen Burg auf dem Gipfel. Als hätte Dr. Frankenstein dort tatsächlich mithilfe von Blitzen experimentiert, weisen die Felsbrocken auf der Kammlinie des Ilbes-Bergs eine magnetische Anomalie von bis zu 30 Grad auf. Grund sind tatsächlich Blitzeinschläge. Deren elektrische Ladung ist praktisch in den Stein eingefroren und der polare Magnetismus derart verändert, dass die Kompassnadel nicht mehr nach Norden zeigt.

AUF ZU DEN MAGNETSTEINEN Am Nordende des Ilbes-Bergs erhebt sich Burg Frankenstein mit einem weiten Blick über das Rhein-Main-Gebiet. Ihr Parkplatz eignet sich hervorragend als Start- und Endpunkt der Tour. Natürlich statten wir ihr einen Besuch ab, doch erst am Schluss der Tour. In südlicher Richtung betreten wir im Kurvenscheitel den Wald. Recht schnell überrascht uns gegenüber des Waldsportplatzes ein kleiner Barfußpfad mit verschiedenen Untergründen. Er ist Teil des Erlebnispfades, den ein Verein aus Mühltal hier bei Frankenstein eingerichtet hat. Wir werden noch mehr an diesem Tag davon zu sehen bekommen. Natürlich können wir nicht achtlos daran vorbei gehen, ziehen Schuhe und Strümpfe aus und stürzen uns hinein ins Vergnügen. Nachdem unsere Fußsohlen ausreichend massiert wurden, legen wir unser Schuhwerk wieder an. Die Wanderung führt in südlicher

↓ Die Magnetsteine verteilen sich über den Bergrücken.

↘ Auf dem acht Meter hohen Brohmfels wird auch geklettert.

So wunderschön duftet der Wald nach einem reinigenden Regenguss.

Richtung zur Franz-Bingel-Hütte. Schon hier oben auf dem Kammweg treffen wir auf die Felsformationen der Magnetsteine. Sie ziehen sich über den kompletten Bergrücken und sind aus dem gleichen Material wie die Steine im tiefergelegenen Steinbruch. Doch talwärts nimmt der Magnetismus ab, was die Theorie mit den Blitzeinschlägen stützt. Wenige Meter hinter der Hütte biegen wir links ab, um etwas unterhalb des Kammes den Rückweg – vorbei an den tiefergelegenen Felsformationen – anzutreten.

DER MAGNETFELSPFAD Der weiche Waldboden ist noch feucht, auf den Birkenblättern hängen perlende Tropfen. Die Luft riecht so sauber, wie sie nur im Wald nach einem Sommerregen duftet. Auch das Moos auf den vielen namenlosen Felsen ist noch klamm. Nur wenige haben Namen bekommen: Beckerfels und Brohmfels zum Beispiel. Der acht Meter hohe Brohmfels wird auch gerne zum Klettern benutzt. Sicherungen sind schon angebracht. Das Anbringen weiterer Haken ist natürlich verboten. Genau wie das Abschlagen von Gesteinsteilen. Trotzdem haben die Magnetsteine in den letzten 100 Jahren rund ein Drittel ihrer Substanz verloren. Vermaledeite Sammler! Doch der Wald verzaubert uns, er hext den Ärger einfach weg. Es ist märchenhaft und mystisch hier. Kein Wunder, dass der Ilbes-Berg nach dem Brocken der zweitliebste Platz der Hexen ist.

ÜBER DEN LINDWURMTEICH ZUM JUNGBRUNNEN Dann biegen wir ab, nehmen den steilen Weg in das Tal und überqueren die Straße hinunter zum Lindwurmteich. Der Weiher hat sich in einem ehemaligen Steinbruch angesammelt. Ein kleiner Was-

Tipp

MEHR MAGNETISMUS

Auch der höchste Berg des Odenwaldes, der Katzenbuckel bei Waldkatzenbach, kann die Kompassnadeln durcheinanderbringen. Im Gegensatz zum Ilbes-Berg handelt es sich jedoch um einen der ältesten Vulkane Deutschlands und um einen recht großen dazu. Sein Kraterdurchmesser beträgt etwa 1000 Meter. Der Vulkanismus ist für die Entstehung unterschiedlichster Minerale verantwortlich. Ein 1500 Meter langer Erlebnisweg erklärt deren Entstehung. Am Katzenbuckel sorgt Magnetit, eines der vulkanischen Gesteine, für die Ablenkung der Kompassnadeln – ganz ohne Blitzeinschläge.

serfall bringt frisches Elixier. Idyllisch. In der Mitte des Ovals wurde eine Odysseus-Skulptur der Bildhauerin Heidi Franz aufgestellt. Geschmacksfrage, warum ausgerechnet hier im Wald an die Begebenheit mit dem an den Schiffspfahl gebundenen Seefahrer erinnert wird. Über den gelungenen Walderlebnispfad nehmen wir Anlauf auf Burg Frankenstein, trommeln am Dendrophon ein kleines Liedchen und testen das Eichhörnchentelefon. Der Jungbrunnen schon fast am Fuß der Burgmauer irritiert dann. Statt der Quelle mit dem verjüngenden Wasser stehen wir vor einem Baum, der aus einem wuchtigen Felsen zu wachsen scheint. Die Quelle soll sich darunter befinden. Doch wer kommt da schon dran?

BURG FRANKENSTEIN Die nördlichste Burgruine des Odenwaldes ist vor allem wegen ihres weiten Panoramaausblicks sehenswert. Vom Bergfried aus haben wir eine sagenhafte Rundumsicht über den Rheingau, das Darmstädter Becken bis hoch zum Taunus. Dabei kann man seine Fantasie spielen lassen: Mary Shelley soll sich am 2. September 1814 ganz in der Nähe der Burg befunden haben. Diese Eindrücke soll sie in der Gruselgeschichte verarbeitet haben. Belegt ist das nicht. Doch auch die regionalen Sagen sind erwähnenswert: In grauer Vorzeit soll sich ein Lindwurm auf dem Burgbrunnen eingenistet und im Umland für großen Schaden gesorgt haben. Ritter Georg von Frankenstein wollte helfen, kämpfte um Leben oder Tod. Den fanden schließlich beide: Lindwurm und Ritter. Zwar gelang es dem Recken, das Untier zu erschlagen, doch sterbend stach es den Ritter mit seinem giftigen Stachel. Drei Tage später war er tot.

INFO

TOURENCHARAKTER

Mittelschwere Wanderung über schattige Waldwege und -pfade. Trittsicherheit erforderlich.

AUSGANGS-/ENDPUNKT

Parkplatz Burg Frankenstein, 64367 Mühltal (GPS: 49.79211420788937, 8.668282123414098)

ANFAHRT

Mit dem Auto über A 5 und B 426, Auffahrt zur Burg Frankenstein Nähe Wanderparkplatz Sommergrund

TOURISTENINFORMATION

walderlebnis-frankenstein.de

EINKEHR

Burgrestaurant Frankenstein, Tel. 06151/50 15 01, www.frankenstein-restaurant.de

Mittel	2:00 Std.	4 km	140 Hm

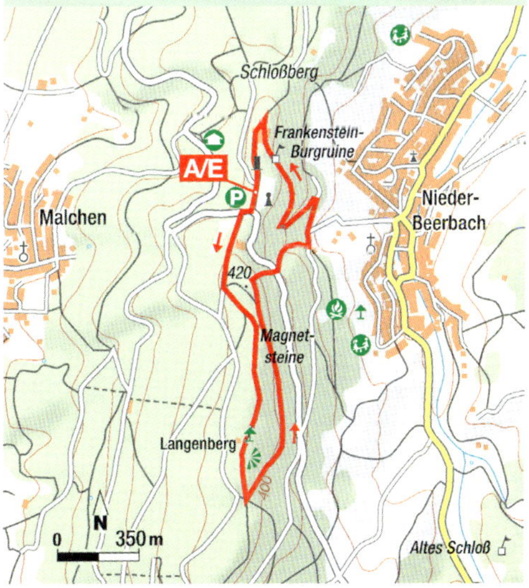

Ein bisschen Everglades

Der Ibersheimer Wörth

Weiden wachsen aus dunklen Seen. Reiher, Kormorane und Enten tummeln sich am Himmel und auf dem Wasser. Das Fenster zum Wörth steht in der 2000 Einwohner starken Gemeinde Hamm. Gemeint sind die verbliebenen Auenlandschaften des Altrheins. Uns erinnert die Landschaft ein wenig an die Everglades.

DER IBERSHEIMER WÖRTH Der Wörth war ursprünglich eine rund vier Kilometer lange Rheininsel zwischen Hamm und Rheindürkheim. Durch die Rheinbegradigung und Trockenlegungsmaßnahmen ist heute nur noch ein Bruchteil der Insel zu sehen. Wir stellen das Auto am Parkplatz des Landdamms ab, dort wo die Friedensstraße in Hamm abzweigt. Direkt dahinter beginnen die Auen der ursprünglichen

25

Einfach schön: die Weidenbäume in der Rheinaue

Landschaften. Ein Entenschwarm hält sich dort auf, putzt sich, flattert und posiert vor der Kamera. Hinweisschilder erzählen von vergangenen Zeiten, als der Rhein noch wild war: Als Hochwasser und Eisbruch den Bewohnern der Gegend nicht nur großen Schaden zufügten, sondern immer wieder auch Menschenleben forderten. Doch er war auch Lebensader für die Region, brachte fruchtbaren Boden und Fische und ließ die Weiden wachsen, von deren Zweigen ganze Generationen von Korbflechtern lebten.

DIE RHEINISCHEN FRÜHLINGSAUEN

Wir starten in südwestlicher Richtung den Landdamm hinunter. Nach 250 Metern führt der Weg an einer parkähnlichen Wiese mit Bänken und ausladenden Weidenbäumen nach links auf den Wörth. Etwa 150 Meter geht es jetzt über einen Damm zwischen den Seen und Teichen hindurch. Der Anblick ist prächtig, wie die Weiden und Sträucher aus dem sumpfartigen, schwarzen Wasser empor ragen, ihre Wurzeln irgendwo im schwarz-grünen Nass versteckend. Da würde es nicht wundern, wenn uns ein Krokodil entgegen käme. Doch es sind kleinere Plagegeister, die von überall auf uns losgehen. Mückenschutzspray nicht vergessen! Hinter dem Damm auf der ehemaligen Insel ist es schon wieder besser. Hier können wir die Natur zwischen Feldern und Apfelbäumen unbehelligt genießen. Nach der Runde über den Wörth kehren wir über den Landdamm zurück. Die beste Besuchszeit für den Wörth ist das Frühjahr, wenn sich das Gebiet in ein Blütenmeer verwandelt. Denn der Frühling ist jedes Jahr, bevor er die anderen Gebiete Deutschlands erreicht, zuerst am Rhein zu Gast.

INFO

TOURENCHARAKTER

Leichte Wanderung über Feld- und Waldwege. Im Sommer/Herbst Mückenschutz verwenden.

AUSGANGS-/ENDPUNKT

Parkplatz, Landdamm 52 A, 67580 Hamm am Rhein (GPS: 49.73013271535436, 8.43161173951722)

ANFAHRT

Mit dem Auto A60 und B9 bis L437 in Gimbsheim, dann K47 bis Landdamm in Hamm

TOURISTENINFORMATION

www.vg-eich.de/Tourismus-Freizeit

EINKEHR

De Schambes, Tel. 0173/92 45 462, deschambes.de

Leicht | 2:00 Std. | 6,9 km | 10 Hm

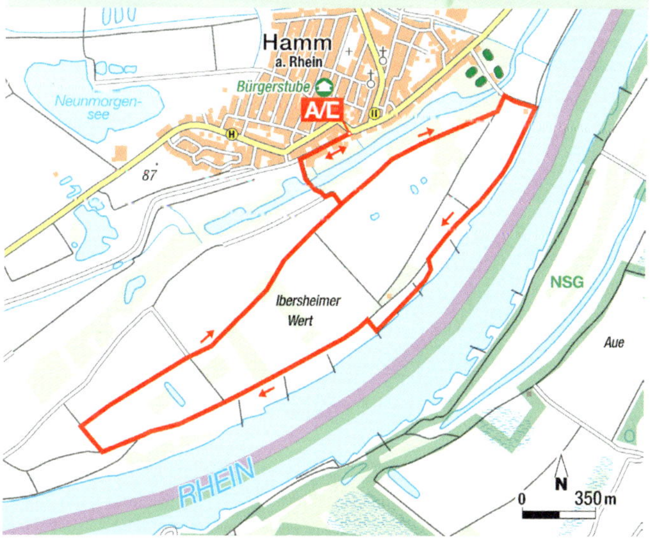

Wasser und Schilf prägen das Bild der Seegrabenaue.

26

Im rhein-pfälzischen S'Albufera

Die Seegrabenaue

Ein kurzes »Quaak« aus der Stille. Meterhohes Schilfgras schützt die Enten vor neugierigen Blicken. Verdeckte Wasserläufe sammeln sich zu kleinen Seen, die den dunkelblauen Himmel spiegeln. Unweigerlich fühlen wir uns wie in Mallorcas Vogelparadies S'Albufera.

DIE SEEGRABENAUE Schon vor dem Jahr 1650 hatten die Anwohner der Rheingrabenaue mit Trockenlegungsarbeiten begonnen. Der Seebach wurde umgeleitet, sein Wasser als Kraftwerk für die Sandmühle benutzt und das eingetrocknete Moor als Ackerfläche urbar gemacht. Mit dem Rheindurchstich und dem Deichbau folgten weitere Trockenlegungsmaßnahmen. Immer mehr Ackerfläche wurde großflächig bebaut. Dies führte zu den bekannten Boden- und Erosionsproblemen. Daher wird die Seegrabenaue seit den 1980er-Jahren wieder renaturiert.

RÜCKKEHR DER NATUR Das Renaturierungsgebiet umfasst eine Fläche von 50 Hektar. Durch die Verlegung des Seebachs in den Seegraben bildeten sich flache und tiefere Tümpel und auch Teiche. Die natürlichen Bewohner aus Flora und Fauna sind wieder eingezogen: Schwanenblume, Weidenröschen, Libelle, Frosch und sein natürlicher Gegenspieler, der Storch, sind erneut an der Seegrabenaue zu finden. Die Natur ist wieder derart vielfältig geworden, dass der NABU hier einen von 30 »Hotspots der biologischen Vielfalt« einrichten konnte. Das sind Gebiete mit einem besonderen Reichtum an Tier- und Pflanzenarten.

NATUR ERLEBEN Wie es sich für die Natur gehört, ist sie für alle da und sie ist kostenlos. Parken können wir direkt neben der Bundesstraße am Rand eines Feldes. Nach einem Blick auf die Schautafel starten wir direkt auf den mit einem grünen Kiebitz gekennzeichneten Rundweg durch das Schilfgebiet, vorbei an Wiesen mit grasenden Galloways. Die robusten Rinder sind für die natürliche Pflege der Feuchtwiesen verantwortlich. Höhepunkt ist aber zweifelsohne die Aussichtsplattform. Von dort oben kann man

Von der Aussichtsplattform hat man einen prima Ausblick.

aus luftiger Höhe das Gebiet überblicken und die Vögel oben in der Luft und unten in den Tümpeln beobachten.

INFO

TOURENCHARAKTER

Leichte Wanderung über Feldwege. Im Sommer/Herbst Mückenschutz verwenden. Wege sind manchmal überspült.

AUSGANGS-/ENDPUNKT

Parkplatz neben B9, Nähe Gärtnerei, Aussichtsplattform ist von der Straße sichtbar (GPS: 49.7140042110412, 8.34835514103473)

ANFAHRT

Mit dem Auto über A60 und B9

TOURISTENINFORMATION

www.lebensader-oberrhein.de

EINKEHR

–

Auf Pilzsuche im Weilburger Tal

Ein Wald voller Schwammerl

Wenn es nach dem Sommer kühler und feuchter wird, sprießen die Pilze aus dem Boden. Zeit, den Bastkorb und das Pilzbuch mit in den Wald zu nehmen, um die leckeren Schwammerl zu sammeln. Damit wir auch mit reicher Beute nach Hause kommen, besuchen wir natürlich einen Wald mit Pilzfindgarantie – zum Beispiel im Weilburger Tal.

Im Weilburger Tal gedeihen üppige Pilzkulturen.

27

↑ Zur Bestimmung der verschiedenen Pilzarten ... ↗ ... bietet die Stadt Wiesbaden geführte Pilzwanderungen an. ↓ Aber was ist bei einem Luftangriff zu tun?

DAS BÄCHLEIN MIT DEN DREI NAMEN Einen Stadtteil Weilburg sucht man in Wiesbaden erst einmal vergebens. Doch am Südhang der Hohen Wurzel im Taunus entspringt ein kleiner, nur elf Kilometer langer Bach. Da er den Schlosspark der Landeshauptstadt durchfließt und Namensgeber der dortigen Mosburg ist, kann er sich einer regionalen Bekanntheit erfreuen. Doch wenige wissen, dass der Mosbach schon vorher als Namensgeber für das Weilburger Tal fungierte: Als Weilburger Bach durchfließt er nur fünf Kilometer westlich der Innenstadt das nach ihm benannte Tal – ein Feuchtwiesengebiet zwischen alten Wäldern und dem Waldfriedhof. Warum man ihn dann beim Eintreffen in Wiesbadens Stadtteil Dotzheim in Belzbach umbenannt hat, wird nicht ganz klar. Vielleicht ist das nördlich von Limburg gelegene Weilburg zu weit entfernt, als dass er den Namen tragen durfte. Doch wir wollen uns nicht weiter den Kopf zerbrechen, sondern lieber die hiesige Natur genießen.

WALDPARKPLATZ Dotzheim ist zu einem der größten und dicht besiedeltsten Stadtteile Wiesbadens gewachsen. Im Gegensatz zu den breiten Prachtstraßen der Landeshauptstadt geht es hier erstaunlich eng zu – mit diversen Einbahnstraßen und vorgeschriebenen Abbiegerichtungen. Es ist gar nicht so einfach, die Einfahrt zur Aunelstraße zu

Zaghaft stoßen die jungen Schwammerl durch das Laub.

finden. An deren Ende befinden sich eine Infotafel zum Weilburger Tal und ausreichend Parkmöglichkeiten. Schon auf dem kurzen Weg über die Treppe hoch zum Waldfriedhof stechen uns die ersten Pilze ins Auge. Sie wachsen direkt neben dem Weg – alleine oder in kleinen Gruppen.

DAS PILZMYSTERIUM Ein Pilzkenner hätte wohl gleich bestimmen können, was das für Sorten sind, ob sie delikat schmecken, gut bekömmlich sind oder bitter und giftig. Doch wir haben keinen Profi dabei, der uns hätte Auskunft geben können. Die Warnung der deutschen Gesellschaft für Mykologie im Ohr, nur Pilze zu sammeln und zu essen, die man sicher kennt, suchen wir Rat bei einer Pilzbestimmungs-App: Die funktioniert ganz einfach: Man schießt ein Foto und bekommt prompt alle Auskünfte zum gefundenen Pilz. Doch so schön sich die Sache mit der elektronischen Pilzbestimmung anhört: Die App antwortet in bekannter Manier der verschiedenen Sprachassistenten: »Ich bin mir nicht sicher«. Ja, aber sicher sein wollen wir uns schon. Auch der Versuch, die Pilze zu fotografieren und per Bildversand von einem befreundeten Experten bestimmen zu lassen, schlägt fehl: »Ich kann nichts erkennen. Lass mich bloß in Ruhe«. Recht hat er: Die Unter-
schiede vom Speisepilz zum Giftpilz sind oft so minimal, dass man schon das echte Exemplar vor sich haben muss. Ein Foto genügt nicht. Wir beschließen daher, das Sammeln zu lassen und eine Pilzfotosafari zu veranstalten. Abends gibt es dann statt Pilzpfanne aus dem Wald eine Pizza Funghi vom Italiener.

PILZSAFARI Auf unserer acht Kilometer langen Wanderung durch das Weilburger Tal und zur Aunelquelle kommen wir kaum voran: Zu reichhaltig ist das Angebot von Mutter Natur. Und unterschiedlich: kleine Pilze, große Pilze. Alleine oder in Gruppen wachsend. Auf dem Waldboden, sich an Felsen oder Baumstümpfe klammernd. Gerader, breiter Hut wie ein Sombrero, kleiner Hut, gewölbter Hut wie bei den Chinesen oder mit Fransen dran. Glatter Stiel in hell, dicker Stiel, etwas untersetzt. Ist das ein Steinpilz? Kann ja kaum sein. Die sollen doch selten sein! Wir fotografieren, was das Zeug hält und bis die Speicherkarte voll ist. Insgeheim wünschen wir uns, mehr über die Schwammerl herauszufinden, damit sie beim nächsten Mal vielleicht doch in der Pfanne landen. Und weil wir da nicht alleine sind, sondern es vielen Menschen so geht wie uns, bietet die Stadt Wiesbaden auf ihrer Homepage immer wieder geführte Pilzwanderungen durch das Weilburger Tal an. Weil es hier genug Anschauungsobjekte gibt, kann man die getrost buchen.

GLÜCK GEHABT In den 1970er-Jahren war es geplant, zahlreiche Freizeiteinrichtungen im Weilburger Tal zu errichten. Zum Glück ist das nicht geschehen. Große Teile des Gebietes stehen heute unter Naturschutz. Auch ohne zusätzliche Freizeitgestaltung erleben wir eine abwechslungsreiche Wanderung. Die Aunelquelle, mehrere Hütten und Unterstände, der Fledermausstollen, ein Waldspielplatz und mehr sorgen für die kleinen Highlights am Wegesrand. Dort finden wir dann auch noch ein von der Stadt angebrachtes Warnschild, das uns sowohl verblüfft als auch erschreckt: »Achtung Greifvogel attackiert – Achten Sie auf anfliegende Greifvögel«. Okay, dann sehen wir ihn kommen. Aber was tun, wenn er im Sturzflug mit ausgefahrenen Krallen angeschossen kommt? Verhaltenshinweise fehlen. Wir brauchen sie nicht: Kein Greifvogel ist in Sicht. Sicher erreichen wir den Parkplatz. Zum Glück!

INFO

TOURENCHARAKTER

Mittelschwere Wanderung; Sammelspaß auf und neben schattigen Waldwegen. Das Verspeisen von nicht-essbaren Pilzen kann die Gesundheit schwer belasten und im Extremfall zum Tode führen. Es ist daher besonders wichtig, nur solche Pilze zu verspeisen, die man absolut sicher bestimmen kann. Der Verlag und der Autor tragen keinerlei Verantwortung für Fehlbestimmungen Dritter und daraus folgenden gesundheitlichen Schäden.

AUSGANGS-/ENDPUNKT

Parkplatz Weilburger Tal, Dotzheim, 65199 Wiesbaden (GPS: 50.07699546771398, 8.18768426188946)

ANFAHRT

Mit dem Auto über A3 und B263. Vor Ort Navi konsultieren.

TOURISTENINFORMATION

www.wiesbaden.de/leben-in-wiesbaden/umwelt/natur-landschaft/pflanzen-tiere/pilze.php

EINKEHR

Zum Weilburger Tal, Tel. 0611/71615378, weilburger-tal.de

SEHENSWÜRDIGKEITEN

Schloss Freudenberg, www.schlossfreudenberg.de

Am Mammolshainer Weg gedeihen mächtige Kastanien.

28

Herbst am Mammolshainer Weg

In der Kastanien-Kultur

Zwischen Kronberg und Königstein ist Kastanienland. Mehrere Erlebnispfade laden zum Erkunden des Forstes ein. Doch auch ein kurzer, spontaner Ausflug hat seinen Reiz: Das ganze Jahr über kann man hier im Schatten der prächtigen Kastanienbäume mit ihren ausladenden Ästen wandeln und im Herbst dem Sammelspaß nachgehen.

VOM BROT DER ARMEN ZUR DELIKATESSE Mit der Kastanie brachten die Römer neben den Rebstöcken eine weitere Delikatesse aus dem Süden zu uns in den Norden. Über Jahrhunderte galten die stacheligen Baumfrüchte als Brot der Armen. Extrem stärkehaltig, vitaminreich und dazu noch wohlschmeckend, wurden sie von der Bevölkerung als billiges Grundnahrungsmittel verarbeitet oder als Viehfutter genutzt. Ihr witterungsbeständiges Holz gebrauchte man zum Möbelbau oder im Garten als Rankstöcke. Die Kastanienbäume wurden in Hainen gezüchtet, geschnitten und gepflegt. Doch Anfang des 20. Jahrhunderts wurde das Mehl billiger und wegen der leichteren Verarbeitung lieber genommen. Es verdrängte die Kastanie, deren Bäume aber immer noch in den Wäldern stehen. Ihre Früchte darf jeder zum Eigenverbrauch sammeln.

ÜBER DAS FÜNF-FINGER-PLÄTZCHEN ZUM BORNBACH Wie so oft legen wir unseren Ausflug als Rundkurs an. Vom Waldparkplatz Opelzoo starten wir nach Osten zum Fünf-Finger-Plätzchen. Es trägt den Namen wegen den fünf Wegen, die sich dort treffen. Weiter im Osten würden wir direkt die ersten Kastanienbäume antreffen. Wir beschließen jedoch zuerst ein wenig den Wald zu genießen und wenden uns nach Süden. Das erleichtert das nach Hause tragen der Waldfrüchte. Nach 200 Metern biegen wir links in Richtung Südosten ab, wo wir bald auf den kleinen Bornbach treffen. Eine wilde Rinne mit dichtem Waldbestand hat er schon in den Boden geschleift. Das Vergnügen ist nur kurz: Wir nehmen den Weg links, wo wir bald auf die ersten Kastanienbäume treffen.

SAMMELLEIDENSCHAFT Ab hier geht es deutlich langsamer: Die Sammelleidenschaft packt uns. Obwohl wir schnell die Taschen füllen, fällt es uns äußert schwer, weitere Funde, über die wir praktisch bei jedem Schritt stolpern, liegen zu lassen. Eigentlich müssten wir den Wald bald leer gesammelt haben, doch das ist unmöglich: Bei jedem Windstoß fallen weitere Kugeln von den Bäumen und warten auf die menschlichen und tierischen Verwerter. Das Tragen von Mütze oder Hut kann nützlich sein.

Das Brot der Armen ist heute eine Delikatesse.

INFO

TOURENCHARAKTER
Sammelspaß auf und neben schattigen Waldwegen

AUSGANGS-/ENDPUNKT
Waldparkplatz Opelzoo, Mammolshainer Weg, 61462 Königstein im Taunus (GPS: 50.180434816028814, 8.485005975509681)

ANFAHRT
Mit dem Auto über A648 und B8, vor dem Kreisel am Sportplatz Richtung Mammolshain L3327

TOURISTENINFORMATION
www.koenigstein.de

EINKEHR
Burg Restaurant Afghanische und Orientalische Spezialitäten, Tel. 06174/935 88 25, burg-restaurant-koenigstein.metro.bar

SEHENSWÜRDIGKEITEN
Opelzoo, www.opel-zoo.de

Atlantikgefühle ohne Meer

Die Schwanheimer Düne

Im Westen Frankfurts führt ein Holzbohlenweg über die Dünen Schwanheims. Was sich surreal anhört, ist tatsächlich die Wahrheit: Im Sandgebiet mit seiner typischen Vegetation aus mageren Gräsern und Kiefern könnte man denken, der Atlantik sei hinter dem nächsten Hügel.

EIN NATÜRLICHER UNFALL Als gegen Ende der letzten Eiszeit vor 10 000 Jahren die letzten Gletscher schmolzen, gab es auf den freigelegten Flächen noch keine Vegetation. Der Wind verwehte Sand vom Main und ordnete alles neu an. Mit der Zeit konnte die Vegetation dem Treiben ein Ende setzen und bildete Grasnarben und Wälder. So auch bei Schwanheim, wo sich ein Wald mit Kiefern und Eichen gebildet hatte. Die Kiefernrau-

29

Über Wiesen und Felder geht es zur Düne.

pe wurde ihm vor rund 200 Jahren zum Verhängnis und zerstörte den Großteil der Bäume. Den Rest der Vegetation erledigten Sturmschäden und Trockenperioden. Wind und Wetter trugen den Humus ab, sodass der Sand wieder zum Vorschein kam.

DIE DÜNE BLEIBT Zwischen den offen liegenden Sandflächen gedeihen außergewöhnliche, an Trockenheit angepasste Pflanzenarten wie extrem seltene Flechtenarten, Silbergras und Sand-Vergissmeinnicht. Da gerade die Flechten sehr empfindlich sind, wurde der Holzbohlenweg angelegt. So können wir die Schwanheimer Düne durchqueren, ohne den empfindlichen Pflanzen Leid zuzufügen. Ein wenig Schatten spenden dabei die weit auseinanderstehenden Kiefern. Im Gegensatz zu ihren Artgenossen im Wald um die Ecke sind sie eher kleinwüchsig mit tief hängenden Ästen, ganz so, wie sie sonst nur im Mittelmeerraum oder am Atlantik vorkommen. Um eine Wiederbewaldung der Dünenlandschaft zu verhindern, denn dies würde das Ende des Naturschutzgebietes bedeuten, sind die Heidschnucken als Landschaftspfleger unterwegs.

Wie am Meer schützt ein Bohlenweg die empfindliche Vegetation.

TEICHE UND SEEN Im Naturschutzgebiet befinden sich mehrere Teiche und Tümpel, die, wie so oft, durch Sandabbau in der Vergangenheit entstanden sind. Sie sind für die Öffentlichkeit gesperrt und bieten daher eine ungestörte Heimstatt für Kormorane, Flussregenpfeifer oder Eisvögel. Für einen gedeckten Tisch sorgen die Fische in den Teichen und die Amphibien in Ufernähe.

INFO

TOURENCHARAKTER

Leichte Wanderung über sonnige Felder, Streuobstwiesen und durch die Dünen

AUSGANGS-/ENDPUNKT

Alter Friedhof Schwanheim, Schwanheimer Ufer 300, 60529 Frankfurt am Main (GPS: 50.09097335832063, 8.573098735413497)

ANFAHRT

Mit dem Auto: A5, Abfahrt 21 Niederrad und Schwanheimer Ufer; mit dem ÖPNV: Buslinie 51

TOURISTENINFORMATION

www.frankfurt-tourismus.de

Leicht	1:00 Std.	3 km	10 Hm

Blick auf den Altrhein-Arm

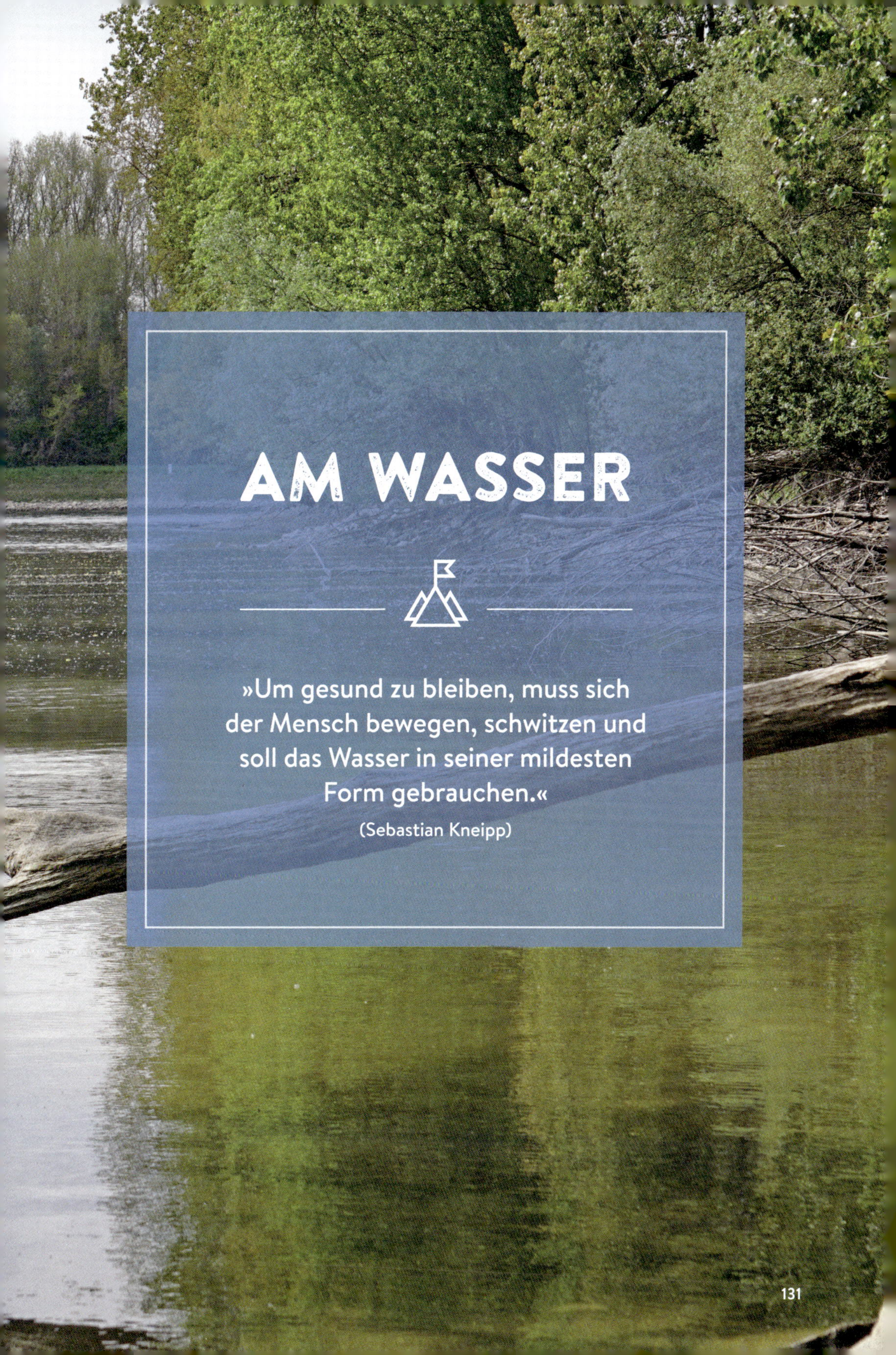

AM WASSER

»Um gesund zu bleiben, muss sich der Mensch bewegen, schwitzen und soll das Wasser in seiner mildesten Form gebrauchen.«

(Sebastian Kneipp)

Entenfamilien auf dem Riedsee

30

Das zweite Leben der Baggerseen

Der Riedsee bei Leeheim

Oft nicht auf den ersten Blick zu finden, existieren doch unglaublich viele Badestellen im Rhein-Main-Gebiet. Fast alle führen ein zweites Leben: Sie sind künstlich aus ehemaligen Sand- oder Kiesgruben entstanden. Dem Badevergnügen tut das keinen Abbruch.

VON DER KIESGRUBE ZUM NAHERHOLUNGSGEBIET So erstaunlich das klingt: Im Schnitt verbraucht jeder Bundesbürger 13 Kilo Sand am Tag. Der Universalwerkstoff findet zum Beispiel auf dem Bau, in der Elektrotechnik, bei der Glasherstellung und der Wasseraufbereitung Verwendung. Ein Großteil davon kommt aus Hessen aus den dicken Sandschichten am Rheingraben. Überall gibt es Sandgruben, in denen sich das Wasser auf natürliche Weise sammelt und die Erdlöcher in Weiher und Seen verwandelt. Viele dieser Kiesgruben, wie zum Beispiel der Langener Waldsee oder der Kärcher-Surfsee bei Biblis, sind noch in Betrieb: Während man auf der einen Seite dem Badevergnügen frönt, müssen die anderen in ihren Baggern und Ladern der Arbeit nachgehen. Die dadurch entstehende Geräuschkulisse kann schon mal stören. Wer da empfindlich ist, sucht sich besser einen ruhigen Ort, an dem die Bauarbeiten schon lange abgeschlossen wurden. Die ehemaligen Baggerlöcher führen dann ein zweites Leben als Naherholungs- oder Naturschutzgebiet. Der Riedsee bei Leeheim stellt hier ein schönes Beispiel dar. Er bietet Flora und Fauna ein sicheres Zuhause und uns ein kleines Paradies.

Tipp

BAGGERSEE NACH SEINEN VORSTELLUNGEN

Mehr als 60 Badeseen verzeichnet das Hessische Landesamt für Naturschutz und Umwelt. Auch wenn sich vieles ähnelt, hat doch jeder seinen eigenen Charakter. Eine Übersicht findet man auf der Website badeseen.hlnug.de. Neben der Beschreibung von Größe und Lage findet man dort Informationen über die aktuelle Wasserqualität und Links zu den einzelnen Seen.

WILDE NATUR Der Südteil ist ausgewiesenes Naturschutzgebiet. Im dicht bewachsenen Ufergebüsch nisten die Wasservögel und wohnen Amphibien und Nagetiere. Von einigen wenigen Bänken aus kann man den Blick über das Wasser genießen und der Stille zuhören. Sie wird gelegentlich durch den Ruf einer Entenmutter unterbrochen, die gerade ihre Kinder zusammentreibt.

Strand mit vielen Spielmöglichkeiten für die Kleinen

FISCHGRUND Teichbewohner gibt es natürlich nicht nur auf, sondern auch tief unten im Wasser. Schließlich ist die tiefste Stelle im südlichen Riedsee sage und schreibe 38 Meter tief. Dort tummeln sich Aal, Barsch, Hecht, Karpfen, Rotauge, Rotfeder und Schleie. Ein ausgezeichneter Fischgrund für die Hobbyangler. Die entspannende Freizeitbeschäftigung in Mutter Natur ist in Deutschland allerdings streng geregelt. Erst einmal braucht man einen Fischereischein, um diesem Hobby fernab des Badebetriebs an einer stillen Ecke nachgehen zu können. Seekarten gibt es beim Angelsportverein 1933 Leeheim e. V.

SCHWIMMEN MIT DEN ENTEN Beim Betreten der Seen geht es ebenso wie an vielen anderen Freizeitseen im Rhein-Main-Gebiet zu wie in einem öffentlichen Schwimmbad. Der Vorstellung vom einsamen Baggersee nimmt das eine gewisse Romantik – erst recht, wenn man vor der Badestelle auf einen riesigen, gebührenpflichtigen Parkplatz trifft und an heißen Sommertagen erst einmal an der Schlange des Kassenhäuschens warten muss. Und das ist noch der bessere Fall: Am Langener Waldsee gibt es erst gar keine Parkmöglichkeiten. Die Zufahrt wurde mit einer Schranke abgesperrt. Das Parken am nächsten Straßenrand wird dort mithilfe von längs zur Fahrbahn liegenden Baumstäm-

Liegewiese mit schattigen Plätzchen

men verhindert. Wer nicht zu Fuß, mit dem Fahrrad oder Bus kommt, hat ein Problem. Hat man dann aber das Kassenhäuschen passiert, findet man sich Seite an Seite mit Entenfamilien im klaren, weiten Wasser.

DAS KOMFORT-RUNDUM-SORGLOS-BADEPAKET Und es hat ja auch viel Gutes, wenn man die Natur mit ein wenig Komfort genießen kann, wenn Umkleiden, Toiletten, Kiosk, Strandbar, Spielplätze und Sportmöglichkeiten direkt vor Ort sind und alles sauber und gepflegt gehalten wird. Während der Badesaison achtet ein Einsatzteam der DLRG oder ein Bademeister auf den sicheren Badebetrieb. Das Rundum-sorglos-Paket mit hohem Relax- und Entspannungsfaktor und ein wenig Sehen und Gesehen werden. Je nach See, mal mehr, mal weniger. Und ja, natürlich kann man dem Baggersee seinen Naturcharakter nicht nehmen. Rund um den Riedsee ist Ackerland, stehen Bäume in kleinen Wäldchen zusammen, ist der Boden nicht betoniert, sondern sandig. Hohes Schilfgras gedeiht im Uferbereich, dient als Schutz für Vögel, Insekten und Amphibien. Die einmalige Wasserqualität der Baggerseen entsteht durch die Reinigungswirkung des Sandes. Die Tiefe, die von den Baggern ehemals ausgehoben wurde, hilft zusätzlich, das Wasser gesund zu halten. Im Sommer baut sich in den verschiedenen Tiefenstufen eine Temperaturschichtung auf. Unten am Boden bleibt das Wasser kalt, während es an der Oberfläche erwärmt wird.

KURZURLAUB WIE AM MEER Der Riedsee ist mit 24 Hektar Wasserfläche wahrlich kein kleiner Tümpel. Neben dem Badebetrieb ist auch Windsurfen oder Stand-Up-Paddling auf eigenen Boards erlaubt. Schlauchboote können ebenfalls mitgebracht werden. Wer auf dem Campingplatz direkt am See übernachtet, kann so einen kleinen Urlaub wie im Süden verbringen: mit dem eigenen Boot in den Sonnenuntergang paddeln, an der Strandbar Cocktails genießen und am Abend mit Freunden am Lagerfeuer sitzen.

Bei Sonnenuntergang fühlt man sich wie weit, weit weg.

INFO

TOURENCHARAKTER
Vielfältiger Seenspaß für die ganze Familie. Spielplätze, Sportmöglichkeiten und Kiosk für die Badegäste. Naturliebhaber können außerhalb des Badebereichs wandern und Vögel beobachten. Bitte die Tiere nicht füttern.

AUSGANGS-/ENDPUNKT
Parkplatz Riedsee, 64560 Riedstadt (GPS: 49.86096104677776, 8.423996931922524)

ANFAHRT
Mit dem Auto über B43, Abfahrt Leeheim, immer der Vorfahrtstraße folgen

TOURISTENINFORMATION
www.riedstadt.de/tourismus.html

EINKEHR
BiG Bamboo JAMAICAN Grill, Kiosk am See

Karibikflair am Baggersee

Der Pfarrwiesensee

Türkisblaues, weiches Wasser hinter einem weißen feinkörnigen Sandstrand wie in der Karibik. Das Ganze ohne Eintritt und Kassenhäuschen. Verpflegung gibt es an einer einfachen Strandbar und wenn Bob Marley um die Ecke kommen würde, würde sich hier wohl keiner wundern.

Weicher, weißer Sand prägt den Pfarrwiesensee.

31

Lustige Sandhügel hinter türkisblauem Wasser

DIE EICHER SEENPLATTE Wer mal einen Blick auf die Satellitenbilder der Verbandsgemeinde Eich, keine 30 Kilometer südlich von Mainz, wirft, staunt nicht schlecht. Auf den ersten Blick liegen da mehr als zehn Teiche und Seen in direkter Nachbarschaft auf kleinstem Raum. Einer davon glänzt bis hoch in den Weltraum mit hellem, weißen Sandstrand: Der Pfarrwiesensee. Er befindet sich genau wie die anderen Baggerseen am Gimbsheimer Altrhein und liegt in einem Landschaftsschutzgebiet zwischen Äckern und Feldern mit reichen Sand- und Kiesvorkommen. Seit Jahrzehnten arbeiten hier die Bagger, ziehen dann und wann weiter und sorgen für die stetige Ausdehnung der Seenplatte.

WASSER, WASSER UND NOCHMAL WASSER Die Anfahrt aus südlicher Richtung über die L437 gestaltet sich besonders beeindruckend: Direkt hinter dem Ortsschild von Eich tauchen die ersten Seen rechts und links der Straße auf. Gefühlt fährt man auf der etwa 3500 Meter langen Straße mehr als die Hälfte der Zeit am Wasser entlang. Nicht zwingend registriert man dabei die Tatsache, dass es sich dabei um unterschiedliche Seen handelt. So bemerken wir gar nicht, dass der kleine Weiher am Restaurant mit dem treffenden Namen »Zum Bagger« gar nicht zum Niederrhein See gehört und fragen uns kurz später, ob wir schon am Ziel sind, als wir am Parkplatz des Freibades Gimbsheim

Tipp

DAS WISSEN DER EINHEIMISCHEN

Als ich mich mit dem Typen vom Eingang später noch ein wenig unterhalte, plaudert er noch von vielen anderen Bademöglichkeiten, »wo man auch mal alleine und unbeobachtet ist«. Schließlich gibt es ja noch viele weitere Seen um die Ecke. Ganz legal sei das natürlich nicht, meint er, das eine oder andere Mal seien sie schon erwischt worden. »Aber mal so einen Baggersee ganz privat für sich, wäre ja schon eine tolle Sache«. Falls Sie ihn sehen, fragen Sie ihn gerne mal danach, vielleicht erzählt er es Ihnen ja auch. Und wo das Rheingold liegt, hat er mir übrigens auch verraten. Ich habe es nur noch nicht abgeholt ...

Die Farben Weiß und Blau dominieren das Bild.

ankommen. Ein wenig enttäuscht vom Anblick des Kassenhäuschens – wir suchen ja schließlich einen weißen Sandstrand – entdecken wir dann doch noch ein Schild, das uns am Schwimmbad vorbei auf einen Feldweg schickt. Erst am Schwimmbad, dann am Niederrhein See vorbei, erreichen wir den Pfarrwiesensee.

WEISSE BERGE Eine Kirche oder Ähnliches, das auf den Namen des Sees schließen könnte, entdecken wir hier nicht. Wir parken auf einer Wiese mitten auf dem Ackerland. An bullig heißen Sommertagen dürfen hier nur 300 Autos anfahren. Dann wird abgesperrt. Doch wir haben nur 27 Grad, daher ist es ziemlich ruhig. Ein Bauzaun sperrt den Badestrand vom Umland ab. Dahinter hören wir das Brummen der Bagger und Förderbänder. Nicht zu laut, aber deutlich. Und das erste, was wir sehen, sind die meterhohen Sandberge zu unserer Rechten hinter dem Kiosk – der leider geschlossen hat. »Fünf Euro« haut uns ein braungebrannter Typ mit langen, dunklen Haaren und gebräuntem Oberkörper hin. »Für's Parken«. Ich grinse ihn mit meinem »Willst-du-mich-Veräppeln-Blick« an und werfe trotzdem fünf Euro in seine Blechbüchse. Denn Parken kostet, Baden dagegen ist umsonst. So steht es auf der Webseite der Gemeinde.

KARIBIKGEFÜHLE kommen an diesem Tag keine auf. Die Luft ist zwar angenehm warm, aber für karibische Nächte bleibt es zu kühl. Gut so, ansonsten würde es auf dem 10 000 Quadratmeter großen Strand deutlich enger zugehen. In der Vergangenheit musste der Pfarrwiesensee an den heißesten Sommertagen sogar gesperrt werden. Wir ziehen erst mal die Schuhe aus und tappen barfuß über den feinen Rheinsand. Oder ist es Kies? Die feinen, technischen Unterschiede in der Korngröße sind uns gerade mal egal, so lange sich das Material weich und warm anfühlt. Und das tut es. Der Strand fällt zur Wasseroberfläche hin deutlich ab. Unten lockt ein herrlich helles, türkisblaues Wässerchen. Unter dem blauen Himmel mit seinen Schäfchenwolken ist der Anblick kaum zu toppen. Ein paar Palmen mit dicken, braunen Kokosnüssen daran würden vielleicht noch ins Bild passen. Aber dafür haben wir die Sandberge, die sich, ein wenig an Kegelvulkane erinnernd, auf der Stirnseite des Pfarrwiesensees erheben. Wenn man sie genauer betrachtet, könnten es auch Salzberge aus den Salinen sein. Wir können den nicht vorhandenen Salzgehalt sogar riechen. Was Bilder alles auslösen können!

DAS GROSSE TÜRKIS-BLAUE Und dann ist es endlich so weit, wir trauen uns ins große Blau. Natürlich ist es kühl, jedoch wärmer als wir erwartet haben. Ungewöhnlich weich und klar fühlt es sich an. Es duftet nach frischem Sand. Denn der funktioniert als Reinigung nach unten hin: Es ist nicht das Regenwasser, das die Sandgrube gefüllt hat, sondern gereinigtes Grundwasser, das durch die Sandschichten von unten nach oben gesickert ist. Nach einem flachen Uferstreifen wird der See schnell tiefer. Eine gelbe Absperrung schwimmt in ausreichender Entfernung quer vor dem Uferbereich und zeigt an, sich nur als erfahrener Schwimmer oder mit Schlauchbooten weiter hinaus zu wagen. Das ist auch besser so, denn eine Badeaufsicht gibt es hier nicht. Jeder ist für sich selbst verantwortlich.

Da haben wir einen fast menschenleeren Sommertag erwischt.

INFO

TOURENCHARAKTER
Sandstrand und Badesee pur. Der Kiosk war bei unserem Besuch geschlossen. Verpflegung und alles Benötigte mitbringen. Wie wäre es mit einem Buch?

AUSGANGS-/ENDPUNKT
Am Pfarrwiesensee, 67578 Gimbsheim
(GPS: 49.77387565389902, 8.385577771819811)

ANFAHRT
Mit dem Auto über A60 und B9, weiter auf L437 nach Gimbsheim; hinter Schwimmbad rechts

TOURISTENINFORMATION
www.rheinhessen.de/sport-und-freizeit/a-pfarrwiesensee-gimbsheim

EINKEHR
Gaststätte Zum Bagger, Tel. 06249/8042070

Die Liegewiese des Hattsteinweihers zieht sich bis in den Wald hinein.

32

Der einzige Badesee im Taunus

Der Hattsteinweiher

Der einzige Badesee im Taunus ist schon seit dem 17. Jahrhundert bekannt. Nachdem er für die Wasserversorgung Usingens unwichtig geworden war, begann Ende des 19. Jahrhunderts seine Karriere als Badeweiher. 1959 besuchte ihn sogar Elvis Presley.

FREIZEITANLAGE HATTSTEINWEIHER

Usingen liegt knapp 30 Kilometer nördlich der Rhein-Main-Achse. Nach einer 40-minütigen Autofahrt über die Pässe und durch die Täler des Taunus erreichen wir dort auf einer Höhe von 340 Metern über dem Meeresspiegel das Freizeitzentrum rund um den Hattsteinweiher. Ob seiner langen Geschichte und der Tatsache, dass ihn Elvis Presley während seines Militärdienstes mehrmals besucht hat, erfreut sich der Teich einer im Verhältnis zu seiner Größe überproportionalen Bekanntheit. Die Gemeinde hat das früh erkannt und schon seit den 1970er-Jahren investiert. Neben dem Hattsteinweiher befinden sich die Sportanlagen des Reitvereins, Schützenclubs und des Tennisvereins. Wochenendgäste finden im Katharinenhof Unterkunft. Die meisten regelmäßig: Es handelt sich um eine Siedlung mit Wochenendhäuschen und Schrebergärten. Ein Restaurant mit angrenzendem Wohnmobilstellplatz komplettiert das Angebot.

EINE FRAGE DES TIMINGS Der aufmerksame Leser hat es schon gemerkt: Zu Wochenend- und Ferienzeiten und bei bestem Wetter ist es am Hattsteinweiher proppenvoll. Diesen Trubel muss man schon mögen. Andererseits liegt der Badeweiher mitten im besten Taunus-Wandergebiet. In der Nähe locken so spektakuläre Naturdenkmäler wie die Eschbacher Klippen, eine bis zu zwölf Meter hohe schroffe Felsformation, die zwischen den sanften Hügeln selten deplatziert wirkt, oder der Saienstein, der zwar als eigenes Naturdenkmal eingetragen ist, geologisch jedoch eine Fortsetzung der Klippen darstellt. Warum also nicht bei der Wanderung ein Handtuch einpacken und am Ende der Tour – oder vielleicht auch zwischendurch – die Füße mal ins Wasser halten. Das Gleiche gilt für die Radfahrer: Alle Sehenswürdigkeiten Usingens liegen auf der Buchfinkenroute, einer 36 Kilometer langen Fahrradtour rund um und durch den historischen Stadtkern.

INFO

TOURENCHARAKTER

Frei zu betretender Waldsee direkt neben dem Wandergebiet. Im Sommer schnell überlaufen. Kleiner Sandstrand und große Liegewiese.

AUSGANGS-/ENDPUNKT

Hattsteinweiher, 61250 Usingen
(GPS: 50.34419470650201, 8.50710521647095)

ANFAHRT

Mit dem Auto über A5, A661, B275, Abfahrt zum See Nähe Saalburgschule

TOURISTENINFORMATION

taunus.info/angebote/natur-und-erlebnis/weiher-teiche/hattsteinweiher/911

EINKEHR

Restaurant Neumann am Hattsteinweiher,
Tel. 06081/44 64 80

Wandern und Baden ist am Hattsteinweiher ideal.

Idyllisch im Westerwald

Der Herthasee

Abseits der großen Touristenströme liegt der Herthasee in einem Waldgebiet. Etwa doppelt so groß wie der Hattsteinweiher, weist er doch erstaunlich viele Ähnlichkeiten mit diesem auf. Und ist doch ganz anders – vor allem ruhiger.

MITTEN IM WESTERWALD Sechzig Minuten lang dauert die Fahrt vom Frankfurter Hauptbahnhof bis zum Herthasee westlich von Limburg an der Lahn. Das ist gerade mal 20 Minuten länger als zum Hattsteinweiher. Die rundliche Form sowie die Übersichtlichkeit und die Lage im Wald auf nahezu gleicher Höhe bei ungefähr 330 Metern lässt die beiden Weiher doch sehr gleichartig wirken. Der im Jahre 1846 aufgestaute Herthasee ist nur unmerklich größer: Man bemerkt es nur am fast doppelt so langen Uferweg. Ursprünglich brauchte man ihn zur Frischwasserversorgung der nahe gelegenen Grube

33

Der Herthasee versorgte früher die nahe Grube mit Frischwasser.

Heute ist er reiner Freizeitweiher.

Holzappel. Das Blei-Zink-Bergwerk war zu seiner Zeit eine der bedeutendsten Gruben Deutschlands. Seit 1952 hat es den Betrieb eingestellt. Danach ist der Herthasee als Freizeitweiher immer beliebter geworden. Fernab von Landwirtschaft und Kanalisation sorgt seine Tiefe von bis zu zehn Metern für beste Wasserqualität.

IDYLLISCH GELEGENER BADESEE So lautet die überwiegende Meinung der Rezensionen und deshalb statten wir dem Weiher auch einen Besuch ab. Der Herthasee liegt direkt neben der B417 von Nassau nach Wiesbaden, was ihn leicht erreichbar macht. Parkplätze direkt am See und ein Restaurant mit großer Terrasse sorgen für Verpflegung und kurze Wege. Ein Wohnmobilstellplatz ist ebenso vorhanden. Der Zerstreuung dienen ein Beachvolleyballfeld, ein großer Spielplatz und die Grillhütte. Im Wasser gibt es einen Nichtschwimmerbereich und eine Badeinsel. Während der Saison sorgt der DLRG für die Sicherheit beim Baden. Die Pflege der Anlagen hat natürlich ihren Preis: Ca. drei Euro zahlt der Erwachsene für die Tageskarte am umzäunten See, dem Freibad Herthasee. Rund um den Stauweiher führen die Wanderwege in die weiten Wälder des Westerwalds: Interessante Ziele sind der Lehrpfad der Grube Holzappel und der Wildpark Gackenbach mit seinen Bärengehegen.

INFO

TOURENCHARAKTER

Gut zu erreichender Waldsee mit Restaurant und Sandstrand hinter einer Umzäunung. DLRG-Aufsicht. Ein kleiner Spielplatz für die Kleinen. Rund um den See führt ein befestigter Weg.

AUSGANGS-/ENDPUNKT

Am Herthasee, 56379 Holzappel (GPS: 50.36075134328781, 7.901527963827401)

ANFAHRT

Mit dem Auto über A3 und B417; See liegt zwischen Holzappel und Hirschberg direkt an der Straße

TOURISTENINFORMATION

www.lahn-taunus.de/Freizeit.php/Diez/Der+Herthasee+bei+Holzappel

EINKEHR

Seerestaurant Herthasee, Tel. 06439/91160, www.am-herthasee.de

Am Honisch Beach ist es noch nicht wild …

34

Vom Wilden Strand zum Honisch Beach

Niedernberger Seen

Die Niedernberger Seenplatte mit ihren recht großen Bade- und Tauchseen lässt tatsächlich echte Urlaubsgefühle aufkommen. Am Strandrestaurant Honisch Beach werden sogar spanische Grillteller und Cocktails serviert. Trotzdem darf jeder den Strand frei betreten und den Tag verbringen.

DIE WILDEN TAGE Die Niedernberger Seenplatte mit mehreren großen Wasserflächen entstand einmal mehr durch die Sand- und Kiesförderung. Nach der Nutzung kümmerte sich die auf Industrie fixierte Verwaltung wenig um die Seenlandschaft. Dafür entdeckten die Leute aus der Region das Gebiet. Sie kamen an heißen Sommertagen zum Baden und feierten abends Partys am See.
So weit wäre das ja noch okay gewesen, doch mangels anderer Abstellmöglichkeiten parkten sie die Landstraße am See zu und sorgten so für ein regelmäßiges Verkehrschaos. Und schlimmer noch: Die Uferbereiche verwandelten sich in Müllkippen, da nur wenige ihre Abfälle wieder mit nach Hause nahmen. Die Verwaltung musste reagieren.

DAS DORF AM SEE Ab dem Jahr 2004 entstand ein Freizeitgelände am Niedernberger See. Zum einen ein großes Seehotel, zum anderen aber auch der Sandbadestrand Honisch Beach – benannt nach der lokalen Aussprache der Worte »habe ich« – mit Duschen,

Toiletten, Spielplatz, Beachvolleyballfeld und einer einladenden Strandbar. Doch die Zivilisation hat nur die Nordseite der Seen erobert. Weit erstreckt sich die Wasserfläche gegen Süden hin. Wer den Uferweg genießt, findet rundherum Ruhe und einsame Halbinseln. Das Schöne am Niedernberger See ist, dass die Anlagen am Strand von jedem ohne Eintritt betreten und genutzt werden können: einfach Parken und sich einen guten Platz suchen, wo man den Tag verbringen möchte. Klar, an heißen Sommertagen gilt: Wer zuerst kommt, hat den schönsten Platz.

TAUCHEN Der zweitgrößte See bei Niedernberg, der Silbersee, wird vor allem als Tauch-See genutzt. Für normale Badegäste weitestgehend abgesperrt, kann man sich als geprüfter Taucher, und nach vorheriger Anmeldung, auf die Reise in die Unterwasserwelt des Silbersees begeben. Der Silbersee ist bis zu acht Meter tief und bietet Sichtweiten von bis zu zehn Metern, so dass die pflanzliche und tierische Unterwasserwelt ausgiebig bewundert werden kann.

INFO

TOURENCHARAKTER
Riesiges naturnahes Seengebiet mit einer hippen Hotel- und Freizeitanlage auf der Nordseite. Wer das nicht will und Natur sucht, wechselt einfach die Seite – Eintritt frei.

AUSGANGS-/ENDPUNKT
Leerweg, 63843 Niedernberg
(GPS: 49.90256280441594, 9.135153783551198)

ANFAHRT
Mit dem Auto über A3 und B469

TOURISTENINFORMATION
www.niedernberg.de/freizeit-tourismus

EINKEHR
Honischland Beachbar & Bodega,
Tel. 06028/948 28 30, honischland.com

... dazu muss man erst ein Stück um den Weiher herum gehen.

Frankfurts Hausstrand

Der Schultheis-Weiher

Gerade mal sieben Kilometer Luftlinie von Frankfurts Einkaufsmeile Zeil entfernt liegt ein See mit einer zehn Hektar großen Wasserfläche. Das Strandbad samt Liegewiese, Sandstrand, Textil- und FKK-Bereich kann kostenlos genutzt werden und ist erstaunlicherweise selten überlaufen.

IM MAIN-S Kurz vor Frankfurt darf der Main eine letzte Schleife ziehen, bevor er sich an den Frankfurter und Rüsselsheimer Stadtufern benehmen muss. In einem wunderschönen geschwungenen S nimmt er Anlauf, tangiert oben die Hanauer Landstraße am Frankfurter Ostend, macht eine Fast-Kehrtwende noch einmal in südöstlicher Richtung, besinnt sich dann aber doch eines Besseren, um im eleganten Schwung an der Nordgrenze Offenbachs vorbei letztendlich den Weg in Richtung Mündung zu finden. In der oberen S-Schleife, gerade mal 500 Meter von der Hanauer Landstraße entfernt,

Im Spätsommer bewohnen die Enten den geschützten FKK-Bereich des Schultheis-Weihers.

35

Schwimmen ist nur erlaubt, wenn die Aufsicht den Badebetrieb überwacht.

liegt der Schultheis-Weiher. Die ehemalige Sandgrube bietet eine zehn Hektar große Wasseroberfläche, ist aber maximal nur 3,11 Meter tief. In langen, heißen Sommern kann das schon einmal dazu führen, dass der Weiher für den Badebetrieb gesperrt werden muss. Und das, obwohl er normalerweise eine hervorragende Wasserqualität bietet.

ANFAHRT UND PARKEN Direkt am See gibt es keine Parkplätze. Die Anfahrt ist auch nicht ausgeschildert. Wer mit dem Auto kommt und sich auf sein Navi verlässt, wird bald von Zweifeln befallen, ob er hier richtig ist. Über kleinste Feld- und Wirtschaftswege geht es vorbei an Kleingärten und Garagen raus aufs Feld bis höchstens zum Strandbad an der Westseite. Einfacher funktioniert die Anreise für Fußgänger oder Radfahrer über den Arthur-von-Weinberg-Steg. Die Brücke verbindet Frankfurt-Fechenheim direkt mit dem Campingplatz Bürgel. Von dort sind es gerade mal 500 Meter Fußmarsch.

AM SCHULTHEIS-WEIHER Der See teilt sich in einen Naturschutzbereich und einen Strandbadbereich an der Westseite auf. Liegeflächen, Toiletten und Duschen sind vorhanden. Proviant sollte man sich jedoch selbst mitbringen. Der FKK-Bereich liegt ein wenig abgesondert im hinteren Teil der Anlage, wo Bäume und Buschwerk vor neugierigen Blicken schützen. Während der Badesaison gibt es sogar eine Aufsicht. Nur wenn diese bei der Arbeit ist, darf man im Wasser baden. In der restlichen Jahreszeit findet man hier ein ruhiges Plätzchen, um aufs Wasser zu schauen und die Reiher zu beobachten.

INFO

TOURENCHARAKTER

Einfacher Badeweiher direkt am Stadtrand Frankfurts. Abgeteilter FKK-Bereich. Keine Parkmöglichkeit vor Ort.

AUSGANGS-/ENDPUNKT

Schultheis-Weiher, 63075 Offenbach am Main (GPS: 50.1318255546225, 8.781094897089613)

ANFAHRT

Zu Fuß aus der Frankfurter Innenstadt und F-Fechenheim über den Arthur-von-Weinberg-Steg

TOURISTENINFORMATION

www.offenbach.de/kultur-und-tourismus

Dicke Findlinge liegen in der Schlucht.

36

Die kurze, wilde Schlucht

Der Trettstein-Wasserfall

Am Rande des Rhein-Main-Gebiets, im südlichen Teil der bayerischen Rhön, fällt der Eidenbach immerhin sechs Meter in die Tiefe. Ein Naturschauspiel, das immer wieder fasziniert.

DER TRETTSTEIN Wasserfälle sind meist ein Besuchermagnet: Selbst kleinste Rinnsale werden in die Listen der Wasserfälle aufgenommen. Hauptsache, das Wasser fällt einen Meter oder mehr herunter. Da sind die Trettstein-Wasserfälle mit insgesamt sechs Metern Fallhöhe tatsächlich eine Seltenheit in der Region. Der nur etwa 1600 Meter lange Eidenbach sammelt genug Wasser ein, um eindrucksvoll über mehrere Felsen in die Tiefe zu stürzen. Dabei hat er eine sehenswerte, wenn auch kurze Klamm gebildet. Sie ist über eine Treppe mit Handlauf sicher zu erreichen. Allein der autogroße Steinbrocken neben dem Wasserfall imponiert schon. Die Besuchermassen sind jedoch ausgeblieben. Oben an der Landstraße gibt es nur wenige Beschilderungen, Parkplätze auch nicht so richtig. Ein Zeichen, dass nicht viele Gäste vorbeikommen. Der kleinen Besucherzahl, die den Weg nach Trettstein findet, bietet sich dafür ein äußerst idyllischer Fleck. Wir waren mal wieder alleine vor Ort und konnten das Naturdenkmal in aller Ruhe genießen.

RUND UM DIE WASSERFÄLLE Nichtsdestotrotz ist der plätschernde Wasserfall vielleicht nicht der einzige Grund für die Anreise. Die fränkische Saale, in deren Seitental der Trettstein-Wasserfall liegt, ist immer eine Reise wert. Wanderwege, Hügel und Radstrecken laden zu ausgiebigen Naturexkursionen ein. Zum Beispiel auf den Sodenberg: Nur fünf Kilometer weiter bietet der südlichste Berg der Rhön eine großartige Fernsicht und mit dem ehemaligen Basaltwerk ein spannendes Abenteuer: Der Gipfel des ehemaligen Vulkankegels wurde durch den Abbau in einen riesigen Krater verwandelt. In der anderen Richtung, aber auch nicht weiter weg, ist Burgsinn mit seiner Wasserburg ebenso einen Abstecher wert.

INFO

Mittel	30 Min.	500 m	6 Hm

TOURENCHARAKTER

Kleiner Wasserfall mit kurzer Klamm. Trittsicherheit erforderlich.

AUSGANGS-/ENDPUNKT

97782 Gräfendorf, Verlängerung d. Eidenbacher Weg, Parkmöglichkeiten ggü. Scheune (GPS: 50.13540636586124, 9.746581498951793)

ANFAHRT

Mit dem Auto über A3 und B26, von Gemünden über Kloster Schönau nach Gräfendorf, durch Eidenbacher Weg

TOURISTENINFORMATION

www.spessart-mainland.de

Unterwegs dahin trifft man vielleicht sogar auf die Strecke 46: Deutschlands längste Autobahnruine. Die 1937 begonnene Straße wurde nie fertiggestellt und an das Streckennetz angeschlossen.

Nach Regengüssen wird der kleine Wasserfall schnell spektakulärer.

Entspannung PUR mit den Naturfreunden

Kanutour auf dem Altrhein

Wie meditativ ist es, aufs Wasser zu schauen! Doch umgekehrt ist es noch viel besser: Wenn die Wellen das Boot leicht schaukeln und die Landschaft wie im Traum vorübergleitet, sind wir der absoluten Entspannung so nah wie selten anderswo. Eine Kanutour bei den NaturFreunden ist so easy wie sonst nirgends.

37

Selten ist man dem Wasser näher als in einem Kanu.

↑ Hier war der Biber am Werk.
↗ Zum Einsteigen müssen wir das Kanu erst mal näher ziehen.

EINFACH ANRUFEN An Nidda, Lahn und Main gibt es einige Vermieter, die Kanutouren anbieten. Allerdings schließen die meisten Ende September ihren Geschäftsbetrieb. Nix ist es mit dem Paddelvergnügen im goldenen Oktober. Los geht es erst wieder im April. So schauen wir schon ein wenig ungläubig aus der Wäsche, als uns die Hotelwirtin beim Frühstück eine spontane Kanutour auf dem Altrhein vorschlägt. Möglich machen könne das die Ortsgruppe Groß-Gerau der NaturFreunde in Riedstadt Erfelden. Kein Problem, sagt sie, sie rufe nur kurz an. Dann erklärt sie uns, wo wir hin müssen. Der eingetragene Verein der NaturFreunde engagiert sich für Umweltschutz, sanften Tourismus und Kultur. Und obwohl sich in Deutschland 66 000 Menschen, also zahlenmäßig eine schöne Mittelstadt, im Verein engagieren, ist er mir nicht wirklich geläufig. Von einem Naturfreundehaus habe ich schon einmal gehört, aber dass es sie überall in Deutschland und auch im Ausland gibt, ist mir neu. In Erfelden unterhält der Verein ein Bootshaus.

WIE AUS DEM FILM Als wir dort ankommen, ist zunächst niemand zu sehen. Ist ja auch wirklich keine Saison. Nach unserem lauten Rufen begrüßt uns freundlich ein großer Hund mit hellem Zottelhaar. Wir

Tipp

DAS BESTE BOOT

Kanus unterscheidet man in Kajaks oder Kanadier. Die Tourenboote sind natürlich nicht für Extremsituationen gebaut, so wie man das von den Sportlern aus den Wildwasserkanälen kennt, sondern bieten ein komfortables Vorangleiten. Anfänger sollten sich dabei eher für einen Kanadier entscheiden: Er ist kippstabiler und verfügt teilweise sogar über ein Ruder, mit dem man ohne große Paddelkenntnisse in die gewünschte Richtung steuern kann.

Altes Baumwerk lässt das Flussufer wild und bizarr erscheinen.

kommen uns vor wie bei den fünf Freunden und nennen ihn gedanklich Timmy. Kurz darauf kommt Andreas um die Ecke, ein großer dunkelhaariger Abenteurer-Typ. Er erzählt zunächst vom Vereinsleben und den Veranstaltungen vor Ort.
Mal sind es einfache Treffen zum Beisammensein und Singen am Lagerfeuer, das andere Mal eine Waffelbäckerei oder auch mal Tauchkurse im Altrhein. Vielleicht sind wir tatsächlich bei den fünf Freunden. Andreas hat lange auf der britischen Insel gelebt, aber auch in Asien. Er erzählt von seinen Abenteuern, zeigt uns Münzen, die er dort vom Ozeanboden geholt hat und Muscheln. Vielleicht sind wir dann doch bei Crocodile Dundee gelandet – zumindest aber bei einem seiner Kollegen.

DAS LEBEN AM FLUSS Und dann springt er in seinen Erzählungen zurück zum Rhein. Der Altrheinarm ändert ständig seine Wasserhöhen. Jetzt ist Niedrigwasser, doch vor vierzehn Tagen habe der Bootsanlegesteg noch drei Meter höher gelegen. Er passt sich flexibel der Wassermenge des Flusses an. »Wenn man am Fluss lebt, muss man sich anpassen. Der Mensch plant, doch die Natur macht, was sie will. Man muss mit der Natur leben, anstatt seine Pläne durchzusetzen«, so Crocodile Dundee.
Die Tiere sind perfekt angepasst, schwärmt er weiter. Wenn morgens die Kormorane zur Jagd kommen, wäre das herrlich anzuschauen. Sie kommen in großen Gruppen angeflogen und machen Jagd auf die Fische. Dabei tauchen sie sogar unter Wasser. Die Graureiher halten sich vornehm zurück und warten, bis die größeren Vögel gesättigt und

wieder abgezogen sind. Erst dann machen sie sich über deren Essensreste her. Dann wird Andreas ernst: »Die Tiere sind durch den Menschen bedroht, der all seinen Müll in den Rhein wirft. Dabei ist das hier am Altrheinarm doch ein Naturschutzgebiet.« Zweimal im Jahr veranstaltet Andreas mit den NaturFreunden und anderen Helfern deshalb eine Aufräumaktion. Dann tauchen sie bis hinunter auf den schlammigen Boden des Flusses und bergen den Müll. Alles Mögliche hat er schon herauf geholt. Das Übliche wie Flaschen, Fahrradfelgen und Plastik, aber auch ganz seltsame Sachen. Einmal sogar ein richtiges Gewehr. Unglaublich.

AB AUF DEN FLUSS Und dann gehen wir zum Bootshaus und suchen uns eines der Kanus aus. Im Unterschied zu Ruderbooten fährt man in den leichten Kanus vorwärts. Wenn man sieht, wo man hin fährt, kann man die Landschaft und den Fluss natürlich besser erleben. Oder wie die Kanuten über die Ruderer spotten: »Ein Ruderer sieht den Biergarten erst, wenn er schon 200 Meter vorbei ist«. Aber das ist jetzt erst mal nicht unser Plan. Wir wässern das leichte Boot und Andreas erklärt das Einsteigen. Für die erste Person ist das gar nicht so einfach, denn die Kanus sind sehr hibbelig. Wir müssen aufpassen, dass es nicht kippt und einer von uns im Wasser landet. Mit aller Kraft hält Andreas das orangefarbene Kanu fest. Wenn die schwerste Person erst einmal sitzt, können die anderen relativ sicher einsteigen. Da wir einen Kanu-Neuling dabei haben, erklärt Andreas noch einmal die beste Rudertechnik. Unter seinen Augen drehen wir erst eine Runde am Bootsanleger, bevor er uns beruhigt auf den Fluss entlässt.

PADDLING Wir nehmen Kurs rheinaufwärts. Gegen den Strom zu starten ist beim Rudern immer eine gute Idee, wenn man noch einmal zurück muss. Wenn es heim geht und man schwere Arme hat, kann man sich dann mit der Strömung treiben lassen. Doch wir müssen uns nicht groß anstrengen. Das Niedrigwasser bietet kaum Widerstand. So paddeln wir ganz entspannt auf dem Wasser. Links und rechts schweben die Ufer vorbei. Entenschwärme rasten auf dem Wasser. Als wir zu nahe kommen, flattern sie davon. Umgekippte Bäume liegen am Ufer: Der Biber hat sie fachmännisch gefällt. Seine Nagespuren sind eindeutig zu identifizieren. Über uns fliegt ein Kormoran. Mit seinem schwarzen Gefieder und gelben Schnabel ist er eindeutig zu erkennen. Wir befinden uns in einer Traumlandschaft, in der alles langsamer zu gehen scheint. Sogar die Zeit. Entschleunigung pur.

INFO

Leicht	beliebig	beliebig	0 Hm

TOURENCHARAKTER

Entspannte Kanutour für Schwimmer jeden Alters. Das Einsteigen erfordert eine gewisse Beweglichkeit. Wasserdichte Tonne für Wertsachen mitnehmen.

AUSGANGS-/ENDPUNKT

Hallert 1, 64560 Riedstadt
(GPS: 49.819911324142986, 8.47716999107864)

ANFAHRT

Mit dem Auto: über A5 und B426; mit dem ÖPNV: S7 nach Riedstadt-Goddelau, 2,8 km zu Fuß bis zum Startpunkt

TOURISTENINFORMATION

www.riedstadt.de/tourismus.html

EINKEHR

NaturFreundehaus Bootshaus Am Altrhein, Teilbewirtschaftung, info@naturfreunde-bootshaus.de, www.naturfreunde-gross-gerau.de/bootshaus

Naturbaden am
Stadtrand Frankfurts

PS: DA FÄLLT MIR NOCH WAS EIN!

Die beste Rundumsicht über das Rhein-Main-Gebiet soll der Ludwigsturm auf dem Hahnenkamm bei Mömbris bieten. Nur dreißig Kilometer südwestlich von Frankfurt und schon in Bayern gelegen ist das Bergmassiv von Weitem sichtbar und bietet darüber hinaus erstklassige Wanderwege. Natürlich gehört der Hahnenkamm deshalb in dieses Buch. Doch als ich ihn besucht habe, herrschte dichter Nebel am Gipfel. Keine Chance zum Wandern, geschweige denn ein Foto zu machen.

»Aufgeschoben ist nicht aufgehoben«, dachte ich, und rückte den Besuch an das Ende meiner Tourenliste, machte woanders weiter. Und plötzlich war das Buch voll und die Hahnenkammtour fand keinen Platz mehr – genau wie viele andere wilde Touren in der Region. An passenden Zielen mangelt es wahrlich nicht. Ich hoffe sehr, dass ich irgendwann noch einmal Gelegenheit bekomme, über diese Touren zu berichten.

NATUR VERBINDET

Natur lässt sich in der Gruppe noch intensiver erleben. Und deshalb war ich selten alleine unterwegs. Wer gerade irgendwie Lust und Zeit hatte, musste mit mir auf Tour: Familie, Freunde und entfernte Bekannte. Naturerlebnisse verbinden: Letztere sind natürlich längst in die Freundesgruppe gewechselt. Nicht alle wollten im Buch genannt oder fotografiert werden. Das respektiere ich. Der Einfachheit halber schreibe ich deshalb immer in der »Wir-Form«. Erweitern Sie doch auch Ihren Freundeskreis und laden jemand Neues zum Ausflug ein.

Bestimmt wird es ein verbindendes Erlebnis!

Herzlichst, Ihr

Mathias Holger Peifer